호남
친노^빠

국립중앙도서관 출판예정도서목록(CIP)

호남과 친노 / 지은이: 주동식. ─ 파주 : 장수하늘소, 2016
    p. ;   cm

표제관련정보: 대한민국 정치의 최대 미스테리 영남 패권과
'호남정치 학살'을 폭로한다!
ISBN 978-89-94627-50-2 03340 : ₩12,000

한국 정치[韓國政治]

340.911─KDC6
320.9519─DDC23   CIP2016005524

호남^과
친노

초판1쇄 펴냄 2016년 3월 21일

저　　　자　주 동 식 (지역평등시민연대 대표)

펴 낸 이　길 도 형

펴 낸 곳　장수하늘소

출 판 등 록　제406-2007-000061호

주　　　소　경기도 파주시 회동길 445-4 301호

전　　　화　031-8071-8667

팩　　　스　031-8071-8668

E - m a i l　jhanulso@hanmail.net

인　　　쇄　(주)영진문화사

주　　　소　서울시 중구 마른내로 4길 25-7

전　　　화　02-2285-3651

팩　　　스　02-2285-3669

ISBN 978-89-94627-50-2 03340

호남과 친노

주 동 식 지음

대한민국 정치의 최대 미스터리
영남 패권과 '호남정치 학살'을 폭로한다!

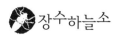
장수하늘소

지역평등시민연대

http://www.gpr.kr

서울 영등포구 경인로 114가길 11 (3층)
전화 070.7592.8628
팩스 02.785.5109
이메일 jprmail21@gmail.com

보이지 않아도 강한 진실을 찾아서

이것은 다시 정의의 문제입니다.

호남은 박정희 정권 이래로 경제개발의 혜택에서 소외되어 왔습니다. 박정희 정권이 밀어붙인 국가 주도 경제개발의 대표적인 희생양이 호남이었습니다. 60년대에 전체 국민의 20~25% 수준이던 호남의 인구는 20세기가 끝날 무렵에는 10% 정도로 줄었습니다. 경제개발의 효율을 위해 수도권과 영남을 잇는 경부 라인에 국가의 자원을 집중 투입하는 방식이 필요했다는 것이 영남권 특혜와 호남의 소외를 정당화하는 논리입니다.

미국의 웬만한 주보다 작은 나라에서 특정 지역에 자원을 몰아주는 방식이 얼마나 효율적이었는지 의문입니다. 그런 방식이 정말 효율적이었다면 이제 그 과실이 오랜 기간 소외됐던 호남과 여타 지역에게도 돌아가야 하는 것 아닐까요? 하지만 해마다 국회에서 예산을 심의할 때면 영남 특혜 시비가 벌어집니다. 대한민국의 자원을 계속 영남 위주로 편성하는 구조가 더 견고해졌다는 증거입니다.

그뿐만이 아닙니다. 경제개발 과정에서 가장 소외되었던 호남은 그 희생에 대한 위로와 배상은커녕 가장 집중적인 혐오와 배척, 모욕의 대상이 되고 있습니다. TV 드라마 등에서 혐오스러운 캐릭터를 묘사하는 가장 손쉬운 방법이 전라도 사투리를 야비한 어조로 내뱉게 하는 것이라는 점은 이제 국민 상식이 되었습니다.

제일 황당한 것은 개념의 전도 현상입니다. 지역주의란 용어는 특정 지역의 배타적인 기득권을 옹호하고 합리화하는 행동이나 사고방식을 말합니다. 하지만 언제부터인지 이 개념은 '지역주의의 폐해를 지적하고 거론하는 행동이나 발언'을 가리키는 것으로 변질됐습니다. 강도를 신고하는 사람이 강도범이 되고, "불이야" 외치는 사람이 방화범이 되는 구조입니다. 이 구조는 지역주의 가해자를 피해자로, 피해자를 가해자로 왜곡하는 악마의 도구입니다.

우리나라의 좌파 진영은 이런 현상에 적지않은 책임이 있습니다. 지역주의 문제를 거론하는 목소리에 대해 이들은 "지역이 아닌 계급으로 접근해 해결해야 한다"고 천편일률적으로 반응합니다. 계급 문제가 해결되면 지역 문제 따위는 자연스럽게 해소된다는 겁니다. 하지만 그 계급 문제는 언제쯤 해결된다는 건지, 그 때까지 지역 차별 문제의 온갖 폐해를 방치해야 한다는 건지, 왜 계급 문제가 아닌 장애인이나 다문화 및 성 소수자 등의 문제는 지금도 진보가 열심히 거론하는지 설명이 없습니다.

결국 좌파 진영은 일종의 계급 환원론으로 우리 사회의 핵심적인 갈등 구조이자 모순의 집약물인 지역 차별 문제에 대한 진지한 접근과 해결을 가로막고 있습니다. 이것은 지역 차별 담론의 시민권을 부당하게 빼앗는 횡포입니다. 영남 패권 중심의 기득권 구조에 대항하는 세력의 주력군이 호남이었습니다. 좌파 진영은 호남의 피와 땀의 과실은 챙기면서 그 정당한 대가 지불은 외면하고 있는 것입니다.

이러한 문제는 좌파 진영의 제도권 대리인(agent) 역할을 하는 친노 패권에서 극단화되어 나타납니다. 현실적으로 친노 세력은 호남의 전폭적인 지지가 없이는 정치 세력으로 존재할 수 없는 집단입니다. 노무현의 대통령 당선부터 시작해 주요 친노 정치인들은 모두 호남의 지지에 힘입어 국회의원과 지방정부의 선출직 등을 차지할 수 있었습니다.

하지만 또한 친노 세력은 호남 정치인들과 호남 유권자들의 정치적 선택과 나아가 호남 정치 자체를 모욕하고 부인해야만 살아남을 수 있습니다. 호남 유권자들을 위협하여 호남 정치인들이 아닌 친노 정치인들을 지지하도록 만들어야 하기 때문입니다. 영남 패권이 오랜 세월 공들여 쌓아온 호남 혐오감은 친노 세력들에 의해서 이렇게 매우 적극적으로 활용되고 있습니다.

정치권에 진입한 친노 정치인들 외에도 광범위한 좌파 성향의 교수와 지식인들, 언론, 문화계 등에서도 호남 혐오 코드를 공유하고 있는 현상이 나타납니다. 크게 보면 우리 사회의 중추 역할을 하고 있는 86세대가 이러한 경향을 뒷받침하고 있다고 말할 수도 있습니다. 이들이 누리는 언론과 사상, 양심, 표현의 자유에 호남의 피와 땀이 짙게 배어 있다는 점에서 이것은 파렴치하고 부도덕한 행동이라고 말할 수밖에 없습니다.

이러한 호남 혐오와 의사 결정 구조에서의 배제는 사실 호남만의 문제가 아닙니다. 대한민국 전체가 피해자가 될 수밖에 없습니다. 우리나라의 의사 결정이 영남 패권의 소수 이너서클에 의해 독점되는 것은 국가 전체의 합리성을 훼손하고 궁극적으로 선진국 도약에 필요한 국가 시스템의 업그레이드를 가로막기 때문입니다.

우리나라가 선진국의 문턱을 넘지 못하고 시간을 흘려보내고 있는 결정적인 이유가 바로 영남 패권의 극복이 미루어지고 있기 때문이라고 봅니다. 박정희 정권 시절에 도입된 국가 주도의 경제개발 방식이 영남 패권의 기득권 때문에 극복되지 못하고 민간의 자율과 창의를 가로막고 있습니다. 영남 패권 엘리트들의 동종교배형 지배 구조는 필연적으로 연고주의의 봐주기를 통해 부정부패의 고착화를 낳고 이는 국가 경쟁력의 추락으로 이어질 수밖에 없습니다.

정의는 무엇일까요? 저는 그것이 눈에 보이지도 않고 측정할 수도 없는 가치라고 생각합니다. 하지만 결국 그것이 우리의 공동체를 바로잡고 보다 풍성한 결실을 낳게 만드는, 집으로 치자면 주춧돌이나 기초 같은 것이라고 봅니다. 지역 차별 문제를 해결하지 못한 이 나라는 주춧돌이 빠진 고대광실이나 마찬가지입니다. 정의의 문제에 대해서 결코 대답할 수 없기 때문입니다.

정의는 보이지 않지만 강합니다.

노자의 도덕경에 '하늘의 그물은 넓고 성성하나 그 그물코를 빠져나가는 자가 없다(천망회회 소이불루 天網恢恢 疎而不漏)'고 한 것이 이것을 말하는 것입니다.

지역평등시민연대가 이 사회에 발언해 온 메시지들은 결국 정의에 대한 갈구입니다. 호남의 한풀이 아니냐구요? 아마 맞을 겁니다. 하지만, 그것이 결코 호남의 한풀이에 그치지 않고 이 나라에 가장 결핍된 자산인 정의를 바로 세우고 결국 이 나라를 보다 좋은 나라, 강한 나라로 만드는 데 있어서 결코 빼놓을 수 없는 열쇠라고 확신하기 때문에 저희는 두려움 없이, 부끄러움이나 주저함 없이 발언할 수 있었습니다.

저희의 메시지는 호남을 무조건 옹호하고 현상을 합리화하지 않았습니다. 영남이 절대악이 아닌 것처럼 호남도 절대선이 아닙니다. 그런 주장은 사실도 아니고 호남이나 대한민국 누구에게도 도움이 되지 않는 억지일 따름입니다. 특히 호남의 좌파 성향 오피니언 리더들의 반시장·반기업 정서는 호남의 자승자박이 될 뿐이고, 누구에게도 도움이 되지 않는다는 사실은 분명히 지적해 두고자 합니다.

이 책 『호남과 친노』는 지역평등시민연대가 2013년 출범한 이후 진행한 강연회, 토론회 그리고 인터넷 커뮤니티나 SNS 등에 발표한 메시지들을 모은 것입니다. 직접 발언은 제가 했지만 그 핵심 메시지들은 지역평등시민연대의 모든 회원들이 함께 토론하고 고민하면서 만든 것입니다. 저는 그 메시지를 다듬고 정리해서 공개하는 역할을 했을 뿐입니다.

보다 직접적으로 이 책은 다음과 같은 분들이 도와주신 결과입니다. 지역평등시민연대의 고문이신 원로 소설가 송영 선생님, 서태식 목사님, 김영한 님, 이승훈 님, 서정훈 님, 김수영 님, 오영종 님, 오종배 님, 모아라 님, 배상원 님, 박춘림 님, 윤준식 님, 윤기영 님, 정승윤 님, 유춘희 님, 한기양 님, 윤성규 님, 허윤정 님, 박시현 님, 길도형 님, 이일 님, 주성식 님, 조미영 님 등이 이 책의 발간을 지원하고 격려하고 재촉해 주셨습니다.

또 정운옥 영진문화사 팀장님이 잦은 변경 요구에도 불구하고 까다로운 작업을 잘 처리해 주셨습니다. 또 인터넷 토론 사이트 아크로(theacro.com)의 여러 논객들도 중요한 문제 제기를 해주셨습니다.

다시 한번 머리숙여 깊이 감사드립니다.

2016년 3월

주 동 식

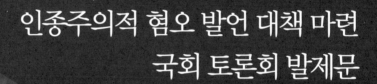

인종주의적 혐오 발언 대책 마련
국회 토론회 발제문

인종주의적 혐오 발언 대책 마련 국회 토론회 발제문

2014년 7월 7일 국회에서 개최한 '인종주의적 혐오 발언 대책 마련을 위한 토론회'에서 발표한 내용입니다.

무엇이 문제이고 어떻게 해결할 것인가

오늘 토론회 주제는 인종주의적 혐오 발언의 현황을 짚고 그 대책을 고민하는 것입니다. 우리나라 온·오프라인의 혐오 발언은 그 종류와 성격이 상당히 다양하지만 그 양적 질적 측면에서 가장 규모가 크고 장기적이며 악질적이고 심지어 계획적이고 조직적이라는 의혹까지 제기되는 것이 특정 지역, 즉 호남에 대한 혐오라고 할 수 있을 것 같습니다. 그런 점에서 오늘 제 발제는 호남 지역에 대한 혐오 발언의 현황과 심각성을 짚어 보는 데 중점을 두었습니다. 이 점, 너그러운 이해를 부탁드리고자 합니다.

1. 호남에 대한 혐오, 왜 인종주의인가?

온·오프라인에서 호남 지역 및 호남 출신, 호남의 정치 성향에 대한 혐오감이 갈수록 심각성을 더해 가고 있습니다. 저는 이러한 호남 혐오증의 가장 깊은 뿌리에 일종의 인종주의가 자리잡고 있다고 판단합니다. 오늘 토론회의 제목에도 '인종주의'라는 표현이 들어간 이유입니다.

호남에 대한 공격을 지역 감정 또는 지역 차별이라고 할 수는 있어도 그게 어떻게 인종주의가 될 수 있느냐고 의문을 가지시는 분들이 많습니다. 물론 사전적인 개념의 인종주의만 기준으로 한다면 호남에 대한 혐오는 인종주의라고 하기 어려울 것입니다. 하지만 인종주의적 사고방식의 핵심은 '자신이 선택하지 않은 조건을 기준으로 그 사람을 차별하는 것'이라고 할 수 있습니다.

흑인이 흑인으로 태어나고 싶어서 태어난 게 아닌 것처럼, 유태인이 유태인으로 태어나고 싶어서 태어난 게 아닌 것처럼 호남 사람, 영남 사람, 충청도 사람들도 자신의 출생지를 선택해서 태어난 게 아닙니다. 한마디로 말해서 아무리 노력해도 그렇게 타고난 조건은 바꿀 수 없다는 것이고, 그렇게 타고난 조건을 이유로 비난하고 모욕하기 시작하면 무슨 수를 써도 그 굴레에서 벗어날 수 없게 된다는 것입니다.

대표적인 인종적 구분이라고 할 수 있는 황인종·흑인종·백인종 사이의 유전적 차이는 같은 인종 집단 내부의 유전적 차이에 비해 훨씬 사소한 것이라고 합니다. 결국 인종주의적 관점이란 것 자체가 과학적인 근거보다는 다른 사회적 집단을 증오하기 위한 자신들만의 편협한 논거를 과학과 합리라는 외피로 포장한 것이라고 봅니다.

우리나라의 호남 혐오증에 인종주의적 편견이 내재돼 있다는 것은 온라인에서 호남을 폄하하는 표현에서도 보다 실체적으로 확인할 수 있습니다. 인터넷에서 호남을 공격할 때 자주 쓰이는 종특, 즉 종족 특성이라는 표현은 '호남 너희들은 애초부터 대한민국의 다른 지역과는 다르다'는 편견을 깔고 있습니다. 그리고 이 편견에는 매우 소름끼치고 잔인한 악의가 깔려 있습니다. 호남에 대한 공격을 다른 인종에 대한 그것으로 포장하여 합리화하려는 의도가 그것입니다.

얼마 전 세월호 사건에서도 이런 편견과 악의는 노골적으로 드러났습니다.

- 역시 또.. 설마 했더니 전라국이네요.. 아무리 대한민국서 제일 가깝고 가기 쉬운 해외라 해도 전라국으로 여행가는건 아니라고 들었어요(yas0****)
- 한국인이 안죽고 절라디언이 죽어 다행이지 않겠노 ㅋㅋㅋㅋㅋㅋㅋ(cafe****)
- 선장이 잘못했네. 다른 나라 해역에 들어 갈 땐 반드시 사전에 통보해야 하는데 그냥 들어가니까 쳐들어오는줄 알고 그쪽에서 어뢰 쏜듯(dori****).
- 간만에 전라도에서 흐뭇한 소식이네. 염전 조심해라 ? 점심 신나게 홍어탕 먹어야지(schu****)

이 댓글들은 우리나라 최대의 인터넷 포털인 네이버의 세월호 관련 기사에 달린 것들입니다. 괄호 안은 아이디의 일부를 가린 것입니다. 아시다시피 호남 지역은 세월호 사건이 일어난 장소일 뿐, 그 사건의 당사자가 아닙니다. 보다 정확하게 말하면 호남은 이 사건으로 인한 또 다른 피해자라고 할 수 있습니다. 사고 당시 어민들이 생업 팽개치고 학생들 구조에 매달렸던 것은 둘째치고라도 이후 어업이나 관광 등의 타격도 매우 크다고 합니다. 하지만 세월호 사건의 분위기 때문에 그런 피해를 말하는 것조차 자제하는 분위기라는 보도도 있었습니다.

하지만 저 댓글들은 그런 사실에 대해서 아무 관심도 없습니다. 그저 안 좋은 사건이 전라도에서 일어났다는 것이 중요한 것입니다. 사실이 아닌 것으로 밝혀졌지만 세월호 이준석 선장이 호남 출신이고 청해진해운의 청해진이 과거 완도의 지명이라는 이유로 그 회사도 호남 회사라는 소문이 인터넷에서 광범위하게 퍼졌습니다. 지금도 막무가내로 이준석은 호남 출신이고 이런 사건이 일어난 호남은 악마의 땅이라고 우기는 사람들이 있습니다.

그리고 위 댓글의 표현을 주목해 보십시오. 전라국, 해외, 한국인이 아닌 절라디언, 다른 나라 해역 등등 어떻게든 호남과 대한민국을 분리해서 별개의 것으로 인식시키려는 악의가 담겨 있습니다. 이것은 호남을 향한 저주와 증오가 합리적인 근거나 논리가 아닌, 한번 덧씌우면 어떤 노력으로도 벗어날 수 없는 악마적인 인종주의적 프레임이라는 사실을 분명하게 보여줍니다.

2. 결코 벗어날 수 없는 프레임

호남 사람들이 저 인종주의적 굴레를 좋아할 리는 없습니다. 그래서 어떻게든 저 잔인한 굴레를 벗어나려고 합니다. 전라도 사투리를 고치고 표준말을 사용한다거나 호적을 옮긴다거나 하는 것들이 어떻게든 저 인종주의의 굴레를 벗어나 보려는 몸부림입니다.

그런데 호남을 저주하고 모욕하는 사람들은 그것조차 그냥 버려두지 않습니다. 호남 놈들은 어떻게 제 고향마저 숨기고 사투리마저 고치느냐? 정말 야비하고 무서운 놈들, 사기꾼 본능에 철저한 놈들이라는 비난이 따라옵니다. 인터넷 기사 댓글이나 토론방을 살펴보신 분들은 호남 관련 기사 등이 올라올 때 이런 반응이 예외 없이 올라오는 것을 경험하셨을 것입니다.

만일 호남 사람들이 자신의 정체를 감추지 않고 드러내면 어떻게 될까요? 당연히 홍어다, 절라디언이다, 일곱시다, 까보전이다 등의 모욕을 감수해야 합니다. 누구나 인정할 수 있는 정당한 의견을 말해도 일단 그 말을 한 사람이 호남 출신이라는 것이 드러나기만 하면 그 발언의 가치는 땅에 떨어지고 맙니다. 까보전(까고 보니 전라도더라) 하는 표현이 이러한 폭력성을 가장 단적으로 드러냅니다.

아무리 좋은 의견을 말하고 옳은 말을 해도 그 말을 한 사람이 호남 출신이라는 이유로 그 말의 가치나 진정성을 인정할 수 없다면 이것은 이미 개인적이고 인간적인 노력이 전혀 무의미하다는 의미가 됩니다. 아무리 노력해도 자신에게 씌워진 굴레를 벗어날 수 없다면 그 사람에게는 어떤 선택이 남게 될까요? 이것은 매우 무서운 결론으로 이어지게 될 수밖에 없습니다.

이러한 모욕과 공격을 당하다 보면 별 수 없이 자기들끼리 뭉치게 됩니다. 호남 사람들도 자기 보호의 본능, 생존 본능이 있기 때문입니다. 우리나라에서 결속력이 강한 3개 집단으로 해병전우회와 호남향우회, 고대교우회를 꼽기도 합니다만 호남향우회는 이 가운데서 자기 보호의 필요성이 가장 절실했던 집단이 아닌가 생각해 봅니다. 하지만 이러한 자기 보호 본능은 또 다른 비난을 불러일으키곤 합니다.

제가 알던 젊은 목사님 한 분이 여러 사람 모인 곳에서 "호남 사람들은 목회자들도 자기들끼리만 뭉친다"는 얘기를 하더군요. 자리가 자리인지라 길게 얘기하지는 못했지만 호남에 대한 질시와 혐오가 거룩해야 할 목회자나 사제 신분에서도 예외가 아니라는 점에서 충격을 받았습니다. 죽어라고 증오하니까 어쩔 수 없이 자신을 감추고, 죽어라고 왕따를 시키니까 왕따들끼리 뭉쳐서 자기를 보호하고 아픈 상처를 위로하겠다는데 그것마저도 도저히 용납할 수 없나 봅니다.

슬픈 것은 이러한 논리가 우리나라의 진보 세력과 양심적인 지식인들에게도 적지 않은 영향을 미치고 있다는 점입니다. 얼마 전 신안 섬노예 사건이 일어났을 때 대한민국의 인터넷 세상이 온통 호남을 저주하고 증오하는 의견들로 넘쳐났습니다. 몇 가지 예만 들어보겠습니다.

- 저기 경찰하고 섬주민하고 다 한통속이라 탈출도 못한다더라. 여행가려 했는데 무서워서 가겠냐 ㅎㄷㄷ 빨리 여행금지구역으로 지정해야한다.
- 역시.........그곳이랑께. 경찰도 동네주민 노예주인 터미널 직원들 모두 한통속이랑께. 이끼 실사판이랑께
- 삼성 이병철:전라도 출신은 뽑지말고 뽑더라도 요직에는 앉히지마라 명언이지
- 우리나라도 링컨같은 대통령이 나와서 전라도 노예해방 선언해야 될듯
- 저 직장 이번에 여수쪽으로 발령받는데... 정말 많이 위험한가요? ㄷㄷ.. 진짜 궁금해서 물어보는 겁니다. 많이 위험한가요??? 여수쪽에는 특히나 섬 많잖습니까

저희 지역평등시민연대가 이 문제로 〈대한민국의 지성과 양심의 회복을 호소한다〉는 성명서를 발표하기도 했습니다만, 섬노예 사건은 재발 방지 대책을 마련하고 관련된 인물들에 대한 철저한 법적 제재를 가하는 것으로 충분한 사건이었습니다. 어떤 논리로도 저 사건을 호남과 호남에 거주하는 사람들, 호남 출신들 전체와 연결시킬 수 없습니다. 하지만 저 댓글들은 섬노예 사건=호남, 호남=섬노예 주범들이라는 논리를 적극적으로 전파하고 있습니다.

진보 진영의 중요 인물이셨고 현재도 활발하게 활동을 하고 계시는 선배와 이 문제에 대해서 얘기할 기회가 있었습니다. 그 분은 "섬노예 사건은 호남 사

람들도 잘못을 인정하고, 반성하고, 앞으로 이런 일이 발생하지 않도록 해야 욕을 먹지 않을 것"이라고 하시더군요.

그래서 제가 여쭤 봤습니다.

"섬노예 사건이 일어나면 그 사건과 관련이 없는 호남 사람이 어떻게 책임을 집니까? 신안군 섬마다 일일이 좇아다니면서 염전노예 찾아내서 경찰에 신고하지 않으면 다 욕을 먹어야 한다는 겁니까? 도대체 그게 가능한 얘기입니까?"

그 선배님, 이 질문에는 답변을 하지 않으시더군요.

좀 더 유명한 사례가 있습니다. 노무현이 당선됐던 지난 2002년 대선 다음날 우리나라에서 유명한 진보 논객 한 분이 인터넷에 글을 올렸습니다.

'어떻게 95%가 나오느냐? 민주노동당도 있는데 왜 민주당만 찍느냐? 징그럽다. 너희들끼리 가서 전라인민공화국이나 만들어라.'

당시 호남의 노무현 후보 지지 몰표에 대한 비아냥과 적대감을 담은 포스팅이었습니다. 며칠 뒤 '그 포스팅에 상처받은 분이 있다면 죄송하다'며 사과하는 글을 올리기는 했습니다만 이거 사람 때려놓고 '아팠다면 미안하다'고 하는 표현 방식 그대로 아닌가요? 이걸 사과로 받아들이는 사람이 있을지, 특히 모욕을 당한 당사자인 호남 사람들이 저 사과로 과연 상처가 치유됐을지 저는 의문입니다.

웃기는 것은 그 진보 논객이 이명박 정권 탄생 이후 "대통령 한 사람이 바뀌었다고 나라가 이렇게 엉망이 되느냐?"며 울분을 토했다는 점입니다. 자신들은 보수 세력을 반대하고 보수 정권 때문에 나라가 망한다고 주장하면서 정작 앞장서서 보수 세력의 집권을 반대해온 호남의 정치적 선택에 대해서는 '지역주의'라는 딱지를 붙이는 이 이율배반적인 행태를 어떻게 이해해야 하겠습니까?

이것은 결국 진보 진영에까지 뿌리내리고 있는 인종주의적 호남 혐오증 아니면 설명이 어려운 것 아닌가 생각합니다. 호남은 무슨 짓을 해도 까보전이고, 알보칠이라는 인종주의적 편견의 진보형 버전이 바로 호남에 대한 '지역주의, 토호 세력'이라는 딱지 붙이기라고 봅니다.

결국 호남을 향한 증오와 저주, 모욕의 프레임은 인간적으로 극복이 불가능한 형태를 띠고 있습니다. 호남 호적과 사투리를 감추면 고향조차 숨기는 사기꾼이라고 경멸하고, 아예 호남 사람이라고 드러내고 살면 홍어, 절라디언이라고 욕하고, 왕따를 피해서 모이면 자기들끼리만 똘똘 뭉친다고 욕하고, 표는 자신들에게 달라면서도 정작 투표하면 지역주의라고 비웃습니다.

저 혐오 발언들의 내용이 악랄한 것도 문제지만 더욱 큰 문제는 호남이 어떤 노력을 해도 저 저주와 증오의 프레임을 벗어날 길이 없다는 점입니다. 도대체 호남이 어떻게 해야 하겠습니까? 지금까지 호남을 욕하는 논리를 그대로 이어가 보면 호남 사람들은 모두 이 나라를 떠나거나 심지어 모조리 몰살을 당하지 않으면 해결이 불가능하다는 결론에 이르는 것 같습니다.

이거 과장이라고 보십니까? 지금도 일베 들어가 보면 홍어, 절라디언은 모조리 몰살시켜야 한다는 저주의 외침이 수없이 올라오고 엄청난 지지를 받고 있습니다. 원론적으로 따지자면 이것은 이 나라 공동체를 공중 분해시키는 내란의 범죄라고 할 만합니다. 그럼에도 이 문제에 대해서 지적하고 대안을 모색하는 목소리는 너무 적습니다. 왜 그럴까요?

우리나라에는 성 소수자, 다문화 가정 등 소수의 인권을 위해 노력하시는 분들이 많습니다. 그만큼 인권에 대한 민감성이 높다는 얘기입니다. 심지어 최근에는 반려 동물의 권리를 위해 투쟁하시는 분들도 많습니다. 하지만 호남 사람들이 당하는 모욕과 고통, 끔찍한 소외를 이야기하기 시작하면 그 사람은 곧장 지역주의자가 되고 맙니다. 지역 차별을 고치자고 이야기하는 것이 지역주의입니까? 불이야 외치는 자가 방화범이 되고, 강도를 신고하는 사람이 강도로 몰리는 세상입니다. 이걸 어떻게 이해해야 합니까?

3. 소수 루저들의 문제다?

호남에 대한 인종주의적 혐오 발언이 문제될 때마다 나오는 전형적인 반응이 '철이 안 든 몇몇 소수 루저들의 일탈 행동일 뿐, 너무 심각하게 반응할 필요가 없다'는 것입니다. 사실 저도 이런 주장을 믿고 싶은 생각이 간절합니다. 저런 진단이 사실이라면 정말 안심하고, 시간이 이 문제를 해결해 주기를 인내심을 갖고 기다리면 될 것입니다. 그런데 정말 그럴까요? 안타깝지만 호남 증오 현상이 소수 루저들만의 일탈이 아니라는 점을 분명히 지적할 수밖에 없습니다.

혐오 발언이 주로 생산되는 일베(일간베스트)의 경우 동시 접속자 수가 2만 ~3만 명에 이르는 경우도 있습니다. 2012년 말 기준으로 일베 회원이 100만 명을 넘어섰다는 통계도 있습니다. 적극적으로 활동하는 회원은 13만 명에 이른다고 하기도 합니다. 『시사저널』 2013년 3월 보도에 의하면 2013년 3월 7일 기준으로 일베에서 '전라디언', '홍어', '슨상님', '네다홍' 등 지역 혐오 요소가 다분히 있는 검색어로 검색되는 게시글이 1만 1,592개이고 댓글은 83만 개 이상이었다고 합니다.

인터넷을 좀 아시는 분들은 누구나 동의하시겠지만 이것은 어마어마한 규모입니다. 비교하자면 정기 구독자 100만 명에 어떤 형태로건 글을 기고하는 필자가 10만 명이 넘는 일간지를 생각하시면 이해가 쉬울 것 같습니다. 대한민국에 이런 언론 매체는 많지 않습니다. 좀 과장하자면 메이저 언론이라고 할 수 있는 조·중·동(조선·중앙·동아일보)이나 KBS, MBC, SBS에 맞먹는 영향력이라고 할 수 있습니다. 그런데 그런 거대 언론 매체가 매일매일, 순간순간 호남에 대한 저주와 증오, 홍어들 다 때려죽이고 몰살시키자는 메시지를 전달한다고 생각해 보십시오. 이거 정말 나라 망할 일 아닙니까?

솔직히 말해서 상당히 정밀한 데이터와 정제된 논리를 갖추지 않으면 저런 지지층, 독자층을 확보할 수 없습니다. 이것은 일베의 일반 사용자들에게 논리와 이념, 데이터를 제공하는 고급 사용자층, 즉 지식인들이 배후에서 상당히 적극적으로 활동하고 있다는 얘기입니다.

개인적으로 충격적인 경험을 한 적이 있습니다. 1990년대 후반인 것으로 기억하는데, 우리나라 역사에서 호남 사람들이 저지른 만행이랄까, 패륜적인 행위만 아주 상세하게 모아놓은 파일을 인터넷으로 받아본 적이 있었습니다. 여기 오신 분 중에도 기억이 나시는 분이 계실지 모르겠습니다. 대단했습니다. 『조선왕조실록』을 중심으로 호남 사람들의 온갖 약점을 어쩌면 그리도 상세하게 모아 놓았는지 충격적이더군요. 그 파일이 저를 놀라게 한 것은 두 가지 측면이었습니다.

첫째, 비록 『조선왕조실록』이 번역된 상태이기는 했지만 그래도 그런 특정 주제의 자료를 그렇게 모을 정도라면 일상적으로 그런 자료를 다루는 사람으로서 상당한 학문적 훈련을 받은 지식인일 거라는 점.

둘째, 그 파일을 만든 본인에게 금전적으로나 학문적 업적으로나 직접 도움이 되는 일이 아님에도 그런 작업에 매달릴 수 있는 그 증오와 집념.

소름끼치지 않습니까? 지식인들은 어떤 형태로건 이 나라 전체의 자원을 이용해 훈련받은 사람들입니다. 즉, 그 나라의 미래를 위해 공동체 전체의 자산을 투입한 결과물인 것입니다. 그런데 그렇게 훈련받은 지식과 전문성을 활용해 이 나라 공동체를 뿌리째 흔드는 일을 한다는 게 저는 너무 두려웠습니다. 그리고 그런 악의를 그렇게 집요하게 실천에 옮긴다는 점에서 개인적인 이해 관계와는 좀더 다른 차원의 집단 무의식과 집단 지성이랄까 그런 것을 확인한 느낌이었습니다.

과거에도 자신의 고향 아닌 다른 지역을 비하하는 표현들은 있었고 지금도 마찬가지입니다. 그런 비하는 꼭 호남만을 향한 것도 아닙니다. 그런 점에서 이 문제를 너무 예민하게 받아들이면 안 된다고 하시는 분들도 있습니다. 그런 의견도 타당성이 있습니다.

하지만 그 분들이 결정적으로 놓치는 게 있습니다. 바로 과거의 지역 비하 표현이나 현재의 다른 지역에 대한 폄하 발언 등은 현재 시점에서 진행되고 있는 호남 증오 발언과 그 성격이 분명히 다르다는 점입니다. 이 점을 이해하지 않으면 왜 호남 지역을 향한 혐오 발언이 그렇게 유난히 폭력적이고 악의적인지, 왜 지속적으로 강화되는지 이해하기 어렵습니다. 호남 혐오 발언이 그냥 어느 지역을 향해서나 존재하는, 약간 농담에 가까운 그런 소프트한 성격의 문화적인 현상에 가깝다면 이 문제가 이렇게 심각해지지는 않습니다.

결론적으로 말해 호남 혐오는 우리나라 기득권층이 정권을 재창출하고 유지할 수 있는 가장 손쉬운 방법, 경제적이고 효율적인 방법입니다. 그렇기 때문에 그냥 방치한다고 해서 결코 사라지거나 약화될 수 없는 사회적 메커니즘입니다.

홍어족, 절라디언, 펭귄·쩔뚝이(김대중 전 대통령을 혐오하는 발언), 까보전, 알보칠 등 호남 혐오 발언의 폭탄 세례를 퍼붓기만 하면 대통령 선거나 총선, 지방선거 등에서 땅 짚고 헤엄치기로 손쉽게 승리할 수 있기 때문에 이 현상이 사라질 수 없는 것입니다.

이러한 현상을 통해서 이익을 보는 집단이 있고, 그 집단이 우리나라에서 가장 강력한 정치·경제·사회·문화적 위상을 차지하고 있는 한 이러한 호남 혐오 현상은 사라질 수 없습니다. 사라지지 않을 뿐만 아니라 오히려 시간이 지날수록 점점 더 강화되고 악질화될 것이라고 단언할 수 있습니다. 일베의 등장과 영향력 강화가 이러한 진단을 증명해 주는 무엇보다도 분명한 증거입니다.

과거 우리나라의 권위주의 정권들은 군부 엘리트들의 물리력을 기반으로 손쉽게 정권을 창출하고 유지할 수 있었습니다. 즉, 범보수 진영의 이익을 대변하는 대표 주자가 흔히 군사정권이라고 불리는 군부 출신 정치 엘리트들이었던 것입니다. 하지만, 87년 체제가 들어선 이후 더 이상 이들 군부 엘리트들의 물리력을 배경으로 한 집권 연장은 불가능해졌습니다. 어떤 수단을 동원하건 선거라는 방식을 통하지 않고는 합법적인 권력을 창출할 수 없게 된 것입니다.

바로 이 대목에서 범 보수 진영의 대표 주자를 바꾸어야 할 필요성이 제기됩니다. 즉, 물리력을 통하지 않고 의제 설정(아젠다 세팅)과 데이터 발굴, 논리 구축, 이미지 메이킹 등을 통해 여론을 유리하게 이끌어낼 수 있는 전문가 집단이 정권 창출과 유지의 주도 세력이 되는 겁니다. 조선일보로 대표되는 메이저 언론사들이 '대통령을 만드는 신문'의 역할을 자임하고 끊임없이 실천에 옮겼던 것이 바로 이러한 변화를 단적으로 보여주는 현상입니다.

일베는 이러한 노력이 이제 메이저 언론 등을 활용한 제도권의 범위를 벗어나 확산되는 징표라고 할 수 있습니다. 일베에 철없는 젊은이들이 많은 것도 사실입니다. 하지만 이들은 호남 혐오 논리의 수용층이며, 이들에게 논리와 콘텐츠를 제공하는 것은 보다 전문적인 역량을 갖춘 고급 지식인 집단이라고 할 수 있습니다.

기득권 집단의 비뚤어진 정권 재창출 논리가 이제 젊은 세대에까지 침투해 들어가고 우리나라의 미래를 오염시키고 있는 현상이 바로 일베인 것입니다. 일베에서 호남 혐오 발언이나 논리, 즉 콘텐츠가 유포되고 일종의 대중적 검증을 거친 뒤 네이버나 기타 인터넷 커뮤니티로 광범위하게 확산되는 것을 확인할 수 있습니다.

일베 등의 호남 혐오 현상은 비뚤어진 증오심에 물들고 기득권 옹호의 이해관계를 공유하는 일부 지식인들의 왜곡된 논리에 젊은이들이 포섭되고 있는 것으로 이해해야 합니다. 시급하게 대책을 마련해야 합니다. 일부 철없는 루저들의 일탈이기 때문에 그냥 방치해도 된다는 논리는 이 문제의 심각성을 지나치게 과소 평가하고, 문제를 해결할 기회를 놓치게 만들 것입니다. 이 문제를 그냥 방치하면 호미로 막을 것을 나중에 가래로도 막지 못하는 결과를 낳을 것입니다.

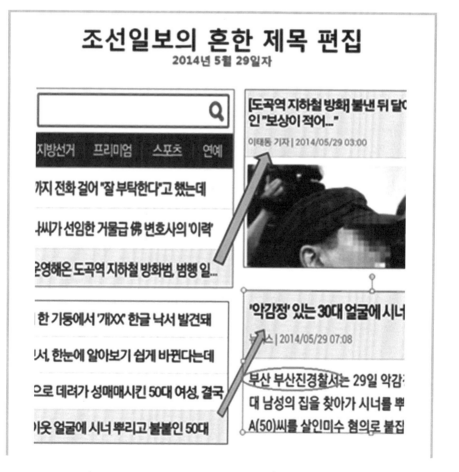

〈그림 설명〉 조선일보 2014년 5월 29일자 인터넷 판에 나타난 편집의 사례입니다. 위 왼쪽 이미지의 '도곡역 지하철 방화범…' 기사는 인터넷 초기 화면 제목으로 '광주서 유흥업소 운영해온'이라는 표현이 들어가 있습니다. 하지만 이 기사 제목을 클릭해 들어가 본 원래 기사(오른쪽 사진 부분)에는 '광주 유흥업소' 어쩌구 하는 표현이 없습니다. 즉, 기사의 원래 제목에는 '광주'나 '유흥업소'라는 표현이 없었는데 편집자가 제목을 고쳐 달았다는 얘기입니다. '광주'와 '유흥업소'를 강조해야 했던 이유가 무엇일까요? 원래 기사는 도곡역 지하철 방화 사건에 관한 내용으로 저기에서 굳이 '광주'와 '유흥업소'라는 제목을 뽑아내야 했는지 의문입니다. 몇 십 년 동안 호남을 깡패 이미지와 연결시켜 왔던 관행을 생각해보면 이 기사 제목 편집이 독자의 익숙한 고정관념을 교묘하게 자극하고 강화하려는 악랄한 의도에 의해 이루어진 것이 아닌가 하는 의문을 갖게 됩니다.

이러한 의문은 그 아래 기사 편집과의 대조에서 더 뚜렷해집니다. 위의 기사와 마찬가지로 조선일보 2014년 5월 29일자 인터넷판에 올라온 이 기사는 부산에서 일어난 사건을 다루고 있습니다. 어떤 50대 남자가 평소 악감정을 갖고 있던 30대 남자의 집에 찾아가 얼굴에 시너를 뿌리고 불을 붙였다는 것입니다. 위의 도곡역 지하철 방화가 무슨 사건의 보상에 대한 불만 때문에 일어난 것에 비해 이 사건은 훨씬 잔인하고 엽기적입니다. 그리고 직접 부산에서 일어난 사건입니다. 하지만 이 기사 제목에는 '부산'이 나타나지 않습니다. 왜 이런 차이가 생길까요? 이런 식의 의도적인 제목 편집이 조선일보에만 국한된 현상일까요? 이날 어쩌다 우연히 일어난 일일까요? 그렇지 않다는 것은 아마 대한민국의 많은 사람들이 인정할 것입니다.

이 기사 편집은 이 나라에서 왜 지역 갈등이 쉽게 없어지지 않는지, 왜 이 문제가 감정의 문제가 아닌 차별의 문제인지를 분명히 보여줍니다. 저 편집을 하는 사람들에게 지역 갈등은 결코 없어져서는 안 될 소중한 존재입니다. 없어지면 억지로 만들어서라도 유지해야 하는 무기라는 얘기입니다.

4. 심각한 후유증 불가피

경제학에 외부효과(Externality)란 개념이 있습니다. 어떤 개인이나 기업과 같은 경제 주체의 행위가 수요·공급과 같은 가격 결정 과정을 통하지 않고 다른 개인이나 기업 등의 경제 주체에 영향을 미치는 것을 말합니다. 좀 더 쉽게 설명하자면 무슨 행위로 이익을 보는 사람과 그 행위에 돈을 지불하는 사람이 다르다는 얘기입니다. 예를 들어 어떤 기업이 생산 과정에서 발생한 오·폐수를 근처 하천에 방류해 오염시키는 경우가 있죠. 오·폐수 때문에 악취가 발생하고 인근 주민들의 건강이 나빠지는 것입니다.

문제는 이들의 치료비나 오염된 하천 정화 비용을 해당 기업이 지불하지 않는다는 점입니다. 오·폐수를 발생시키면서 얻은 이윤은 기업의 소유인데 그로 인한 피해는 주민들과 지역 사회, 나아가 국가 전체가 지불하는 것입니다. 더욱 심각한 것은 저 기업이 얻는 이윤과 그 과정에서 발생하는 비용—주민과 지역 사회, 국가가 부담하는—을 총량 비교해 보면 결국 비용이 더 큰 경우가 많다는 것입니다.

저는 지역 차별과 혐오 발언이 이것과 비슷한 메커니즘을 갖고 있다고 생각합니다. 호남 혐오 발언을 부추겨서 이익을 얻는 집단은 소수의 기득권 세력인 반면, 그 피해는 호남만이 아니라 전 국민에게 돌아갑니다. 게다가 그런 혐오 발언 조장을 통해 기득권 집단이 얻는 이익이 10 정도라면 대한민국과 이 민족의 현재와 미래에 끼치는 후유증은 1백, 1천, 1만을 뛰어넘는, 상상할 수 없을 정도로 심각하다는 점을 인식해야 합니다.

호남 혐오와 왕따는 사실 일종의 사회적 학살이라고 봐야 합니다. 산업화가 본격화되던 무렵인 1970년 호남(광주·전남·전북)의 인구는 565만 2,000명으로 전국의 20.4%를 차지했지만, 40년이 지난 2010년 호남의 인구는 506만 명으로 줄었고 전체 인구에서 차지하는 비율도 10.2%로 정확하게 반토막이 났습니다. 줄어든 인구는 박정희 정권에 의해 강제된 농촌 해체로 먹고살 길을 찾아 수도권이나 영남의 공업 지구로 옮겨갔다고 봐야 합니다.

호남 인구가 국내에서 단순히 수평 이동한 것이기 때문에 별 문제가 없었을까요? 하지만 호남 출신에 대한 혐오나 기피, 왕따 등을 고려해 보면 이들이 별 문제 없이 낯선 타향 땅에 잘 적응해서 살았을 거라는 해피엔딩을 기대하기는 어렵습니다. 그런 해피엔딩이야말로 정말 소수의 사례이고 실제로는 대부분의 호남 출향민들이 어마어마한 트라우마와 더 나아가 육체적 생명을 위협받는 상황에 처했을 거라고 이해하는 것이 합리적입니다.

　이 문제에 대한 간접적인 자료라고 할 수 있는 것이 〈서울시 저소득층의 출신 지역 분포 관련 통계〉입니다. 한국개발연구원(KDI)이 1981년 서울시 저소득층의 출신 지역을 조사한 결과에 의하면 호남 32.6%, 충청 17.9%, 서울 16.4%, 영남 12.6% 등의 비율로 나옵니다. 1990년 현대사회연구소가 서울 지역 저소득층 가구주 300명을 대상으로 조사한 결과도 비슷합니다. 출신지별로 호남(34.7%), 충청(23.4%), 영남(13.4%), 서울(11.3%), 경기(8.9%) 등의 비율입니다.

　생존경쟁이 갈수록 치열해지는 구조에서 경제적 지위의 추락은 생활의 여유와 신체적 건강을 포함한 삶의 전반적인 조건이 극히 취약해진다는 의미입니다. 저는 호남 출향민들이 타향 땅에 뿌리박고 삶의 터전을 장만하는 과정에서 적지 않은 숫자가 열악한 조건을 이기지 못하고 사망했을 것이라고 추정합니다. 소득 낙후, 교육 혜택의 소외, 건강의 악화, 3D 일자리 종사에 따른 생존 압력 등이 원인으로 작용했을 것입니다. 일부 사람들은 앞으로 호남이 미국의 아메리칸 인디언들처럼 점차 소수화되어 소멸의 길을 걷지 않을까 우려하기도 합니다.

　직접적이고 가시적인 피해 외에 정신적인 후유증도 심각할 것이라고 봅니다. 어떤 측면에서는 이 문제가 훨씬 심각할 수도 있습니다. 육체적 상처는 비교적 쉽게 아물고 치료되지만 정신적 상처는 눈에 보이지도 않고 치료하기도 어렵습니다. 지금 호남을 향해 퍼부어지는 온갖 저주와 모욕이 그냥 장난처럼 시간이 지나면 자연스럽게 잊혀질까요? 지금 호남 사람들, 호남 출신들이 아무 반박도 못 하고 그냥 죽은 듯이 지내니까 앞으로도 그냥저냥 저렇게 살 것 같습니까? 얼굴에 침을 뱉고 뺨을 때려도 헤헤 웃으면서 언제까지나 그냥 그렇게 지나갈 것 같습니까?

인간이란 그런 존재가 아닙니다. 모욕감은 절대 그냥 잊혀지지 않습니다. 저는 그것이 두렵습니다. 육체의 상처와 달리 정신적인 고통과 모욕감 등 상처는 시간이 지나갈수록 오히려 더 증폭되고 악화되기 쉽습니다. 이것이 임계점을 지나 폭발하게 될 경우 어떤 일이 벌어지게 될까요? 이 나라가 어떻게 되겠습니까?

게다가 아메리카 인디언들과 달리 호남은 쉽게 짓밟을 수 있을 만큼 소수가 아닙니다. 호남 거주민과 호남 출신들 즉, 일종의 호남 정체성을 가진 사람들은 아무리 적게 잡아도 전체 국민의 20~25% 수준입니다. 전국민의 4분의 1 또는 5분의 1이나 되는 사람들이 일상적으로 모욕 당하고 저주와 증오, 왕따의 대상이 되는 나라가 과연 제대로 운영되고 유지되고 건강한 미래를 향해 나아갈 수 있겠습니까?

이와 관련해서 최근 일부 보수 논객들이 '이 나라가 정상화되려면 몇 백만 명 정도는 죽어도 좋다'는 식의 발언을 하는 것은 매우 위험합니다. 노골적으로 호남을 지목하고 있지는 않지만 저 몇 백만 명에 호남이 포함될 가능성, 적어도 저 발언을 접하는 사람들이 그런 선동의 메시지로 받아들일 가능성은 충분하다고 봐야 합니다.

사실 외부, 즉 다른 나라의 어떤 세력이 작심하고 이런 상황을 악용하려고 든다면 이 문제는 우리 내부의 화약고가 될 수도 있습니다. 과거 인터넷에서 지역간 악플 경쟁이 벌어질 때 말투나 표현이 이상한 사람들이 끼어드는 사례가 발견되어 일부 네티즌들이 지적을 한 적도 있었습니다. 물론 정확한 내막이 밝혀진 것은 아닙니다만 현재의 호남 왕따나 저주, 증오, 모욕 현상이 지속될 경우 우리나라가 외부의 악의적 이간책이나 공작에 매우 취약한 상태에 놓이게 될 것이라는 점은 명백합니다.

무엇보다 호남 차별과 증오, 혐오 현상은 이 나라의 정신적 생태계를 심각하게 훼손하게 될 것으로 우려합니다. 자신의 행위에 대한 대가가 아니라 자신이 의식적으로 선택하지 않았던 어떤 집단에 포함되었다는 이유만으로 모욕과 차별, 공격을 당하게 된다면 그런 사회는 더 이상 정의와 공평, 합리주의와 법치주의의 질서를 기대하기 어려운 상태입니다. 이런 사회에서는 서로가 서로를 도와서 발전으로 나아가는 선순환의 생태계가 아니라 서로가 서로를 공격해서 다 함께 몰락하는 악순환의 생태계가 자리잡게 될 가능성이 커집니다.

5. 어떻게 해결할 것인가

무엇보다도 이 문제의 피해자이자 당사자인 호남 출신들, 그 중에서도 호남 출신 엘리트들이 이 문제의 해결에 보다 적극적인 자세로 나서야 한다고 봅니다. 제가 이 문제로 많은 분들을 찾아뵙고 설명도 드리곤 했지만 의외로 호남 출신 엘리트들이 이 문제의 해결에 소극적이고 심지어 적대적인 경우가 적지 않았습니다.

"이렇게 한다고 해서 뭐가 해결되겠느냐?"는 반응이 많았고 심지어 "이런 일을 하더라도 호남 사람이 앞에 나서면 안 된다"는 의견도 있었습니다. 일종의 자기 검열 또는 패배 의식이 심각한 상태라고 봅니다. 이것은 사실 이 문제에 대한 호남 정치 엘리트들의 기본적인 태도라고 할 수 있습니다. "그거 건드리면 건드릴수록 커지는 괴물이니 아예 입 밖에 꺼내지도 말고 모르는 척해라"는 것입니다.

호남의 정치·경제·사회·문화적 영향력이 절대적으로 열세인 입장에서 이런 태도도 이해 불가능한 것은 아닙니다. 하지만, 이런 태도는 그렇잖아도 열악한 호남의 위상을 점점 더 추락시키는 역할을 할 것으로 봅니다. 호남이 무슨 특혜를 달라는 것도 아닙니다. 민주공화국에서 당연하게 보장되는 최소한의 권리로서, 인간적인 모욕과 증오, 공격을 피하게 해달라는 요구입니다. 이런 것도 요구할 수 없는 나라라면 그 나라는 민주공화국이 아닐 것이고 그런 대접을 감수하는 사람들은 시민이 아니라 합법적인 노예 신분이라고 해도 할 말이 없을 것입니다.

호남에 대한 인종주의적 공격에 대해서 문제를 제기하는 것은 결코 폭력적이고 파괴적인 주장이 아닙니다. 칼을 휘두르는 상대에게 똑같이 칼을 들고 대항하자는 것도 아니고, 그냥 사람들이 입을 모아서 "그 칼 내려놓으라"고 요구하자는 얘기입니다. 그런데 이런 요구조차도 지나치게 과격하다고, 그런 발언 하지 말라고 하면 어떻게 하자는 것입니까? 그냥 칼로 난도질하는 대로 가만히 목 내놓고 칼을 받으라는 얘기밖에 더 됩니까?

그런 소극적인 대응 방식으로 호남 혐오 현상이 조금이라도 개선된다면, 하다못해 그냥 현상 유지라도 된다면 그런 대응 방식도 받아들일 수 있습니다. 하지만, 현실은 정반대라는 것을 분명히 보여줍니다. 한 나라의 동포들을 향해 홍어니 절라디언이니 하는 인종주의적 공격과 함께 "사내놈들은 때려죽이고 계집애들은 모조리 강간하자"는 추잡한 목소리가 저렇게 공공연하게 울려퍼지고 있습니다. 10여 년 전만 해도 이런 식의 노골적인 공격은 상상하기 어려웠습니다.

이 문제는 인간에 대한 낭만적인 환상으로 대처하는 것이 불가능하다고 봅니다. 최소한 그럴 시기는 이미 지나갔다는 것이 제 판단입니다. 민주주의 법치국가의 기본 원칙은 사람들, 즉 개인마다 자신의 행동에 대해 상응하는 책임을 진다는 것입니다. 이것이 상식이고 나아가 정의의 기초입니다. 하지만 적어도 우리나라의 호남 혐오와 저주, 증오에 대해서는 이런 원칙이 거의 적용되지 않습니다. 많은 사람들을 모욕하고 상처를 주고 왕따를 시켜도 거기에 따른 책임을 지지 않습니다. 오히려 그런 사람들일수록 사회적 신분이 올라가고 인정받는다는 느낌마저 있습니다.

결국 이 문제에 대한 최소한의 법적 대응이 필요하다고 봅니다. 이 문제를 법적으로 제재하는 것에 대해서는 여러 가지 우려도 있습니다. 하지만, 법제화에 따른 부작용을 고려하더라도 이제는 합리적이고 신중한 자세로 이 문제에 대한 적극적인 검토가 필요하다고 봅니다.

실제 법제화 처벌 기준은 △친고죄 조항에 대한 재검토 △집단 모욕죄 조항의 적용 확대 △장기적으로 고의성을 띤 행동의 제재 강화 등이 되지 않을까 생각해 봅니다. 다만 이 문제는 법률 전문가와 시민단체 여러분들의 보다 폭넓은 의견 수렴을 거쳐서 현실화되어야 할 것이라고 생각합니다.

발표를 마치면서 두 가지 점은 꼭 말씀드리고 싶습니다.

첫째, 호남에 대한 혐오나 증오, 왕따 현상에서 호남의 책임을 무조건 외면하고 호남은 아무 잘못도 없다는 일방적 주장, 흑백논리를 펼치려는 것은 결코 아니라는 점을 강조하고 싶습니다. 오늘은 시간 관계상 이 문제에 대해서 자세한 말씀을 드리기 어렵지만, 저는 이 문제의 전향적 해결을 위해서는 가해자 못지 않게 피해자인 호남도 적극적으로 변화해야 한다고 생각합니다.

둘째, 호남과 영남뿐 아니라 전국의 양심적인 엘리트들의 동참이 없이는 이 문제의 해결이 어렵다는 점입니다. 이 문제로 이익을 보는 것은 소수일뿐 실은 호남과 영남, 나아가 대한민국이 피해자일 수밖에 없다는 점을 다시 한번 말씀드리고 싶습니다.

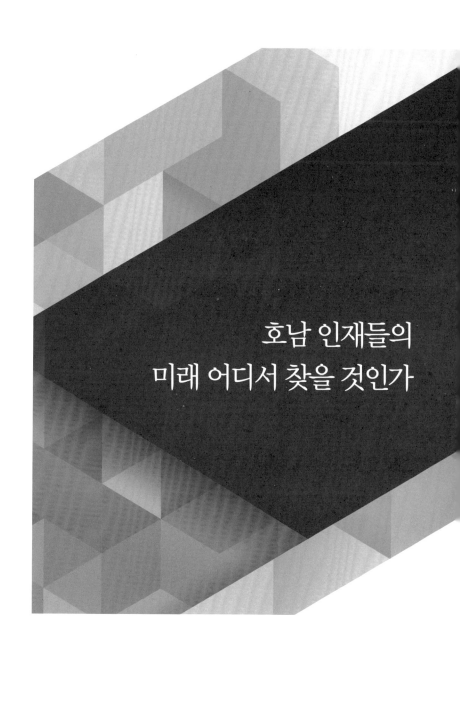

호남 인재들의
미래 어디서 찾을 것인가

호남 인재들의
미래 어디서 찾을 것인가

2014년 11월 14일(금) 오후 3시부터 순천대학교 박물관에서 (재)향남문화재단(이사장 현고 스님)과 무등공부방(대표 강정채 전 전남대학교 총장)이 공동주관한 〈호남, 길을 열자 대토론회〉에 참석해 패널 발언을 했습니다. '호남 지성들의 각성과 역할로 호남의 미래를……'이라는 주제를 다룬 이 날 토론회에는 정성헌 한국DMZ평화생명동산 이사장, 이종범 조선대 교수 등이 기조 발제를 맡고, 박맹수 원광대 교수, 박상철 경기대학교 정치대학원장, 조상현 목포문화원 사무국장, 그리고 주동식 지역평등시민연대 대표가 주제별 발제를 맡았습니다.

다음은 주동식 대표가 발제한 '호남 인재들의 미래 어디서 찾을 것인가'라는 주제의 발제 내용입니다.

영남은 인삼 뿌리, 호남은 무 뿌리?

오늘 기조 발제 등 저보다 앞서 발언하신 분들의 좋은 얘기를 많이 들었습니다만, 약간 거대 담론 성격이 강하다는 느낌을 받았습니다. '악마는 디테일에 숨어 있다'는 말이 있습니다. 아무리 훌륭한 담론과 명분이 있어도 구체적인 실행 방안에서는 생각지 못했던 함정이 숨어 있다는 의미일 것입니다. 제가 지금부터 하려는 얘기는 이런 구체적인 이슈를 정면에서 다루고자 하는 취지를 갖고 있습니다.

호남의 소외와 차별을 벗어나기 위해서는 세 가지 측면의 문제가 해결되어야 합니다. 즉 △호남 지역의 산업과 경제력의 발전 △공공 및 민간 분야의 공정한 인사 정착 △호남을 향해 퍼부어지는 인종주의적 혐오 척결 등이 그것입니다. 저는 오늘 이 세 가지 문제 중에서 호남 출신 인재에 대한 인사 차별을 해소하고 대한민국의 발전을 위해 호남이 어떻게 노력해야 하는지에 대해서 주로 말씀 드리고자 합니다.

호남 출신에 대한 정부와 민간 부문의 인사 차별 문제가 심각합니다. 현 정부에서 국가 의전 서열 10위까지 호남 출신 인사는 단 한 명도 없습니다. 대통령 비서실장, 감사원장, 국정원장, 검찰총장, 경찰청장, 국세청장 등 권력 기관장에도 호남 출신은 한 명도 없습니다.

국민 권익 보호와 정의 구현의 최후 보루라고 할 수 있는 사법부도 예외가 아닙니다. 고위직인 지법원장 및 고법원장의 경우 2014년 9월 현재 영남 출신이 28명 중 16명으로 57.1%에 이릅니다. 이들은 향후 대법관 및 대법원 주요 보직 후보자라는 점에서 지금보다 앞으로가 더 큰 문제라는 지적이 나오고 있습니다.

이러한 영남 독식에 대해서는 많은 비판이 나오고 있습니다. 하지만 이런 현실을 합리화하는 사람들은 '능력에 따라 인사를 하다 보니 부득이하게 생기는 현상'이라고 반박합니다. 영남 사람들이 더 똑똑하고 유능해서 좋은 자리에 오르는 걸 어떻게 하느냐는 논리입니다.

영남 출신 우수 인재가 많아서 이들을 중용할 수밖에 없다는 논리는 아전인수식 억지가 깔려 있습니다. 공직자의 능력을 평가하는 핵심 기준은 해당 인력이 공무원으로서 얼마나 중요한 경험을 축적했느냐입니다. 즉, 공직 생활 초기부터 알짜 보직이나 노른자위 부서 위주로 근무했던 사람이라면 당연히 더 중요한 경험과 지식, 실적을 축적할 수밖에 없습니다. 애초부터 영남 출신들에게 유리하게 인사를 해놓고 이것을 사후에 합리화하는 논리가 '우수한 사람을 쓰다 보니 영남이 많아지는 것'이라는 억지인 것입니다.

30대 그룹 사장단 – 호남 출신 사장 없는 10대 그룹

구분	영남	서울	충청	경기 인천	강원	호남	제주
GS	71%	14%	0%	14%	0%	0%	0%
한화	60%	10%	10%	20%	0%	0%	0%
롯데	54%	15%	23%	8%	0%	0%	0%
삼성	44%	26%	9%	12%	9%	0%	0%
한진	25%	50%	25%	0%	0%	0%	0%
30대 그룹 전체	42%	28%	11%	9%	4%	6%	2%

자료 : CEO스코어 (기준 : 2013. 07)

500대기업 오너 / CEO – 충청 / 강원 / 기타지역 출신

순위	전체			오너			전문경영인		
	구분	수	%	구분	수	%	구분	수	%
1	수도권	201	40.6%	수도권	62	50.8%	영남	140	37.5%
2	영남	180	36.4%	영남	40	32.8%	수도권	139	37.3%
3	충남	50	10.1%	호남	11	9.0%	충청	45	12.1%
4	호남	45	9.1%	충청	5	4.1%	호남	34	9.1%
5	강원	14	2.8%	강원	2	1.6%	강원	12	3.2%
6	기타	5	1.0%	기타	2	1.6%	기타	3	0.8%
충청/강원/기타합계	69	13.9%	–	9	7.4%	–	60	16.1%	
총합계	495	100%	총합계	122	100%	총합계	373	100.0%	

출처 : CEO스코어 / 미확인 제외(전체 173명–오너 19명, 전문경영인 154명) / 기준 : 2013. 07.

그나마 공직사회는 덜한 편입니다. 고위 공직자들의 경우 출신 지역과 학교 등이 공개되기 때문입니다. 민간기업의 경우 이러한 검증 절차가 전무합니다. 당연히 영남 편중과 호남 차별이 훨씬 심할 것으로 추측할 수 있습니다. 실제로 이런 현실을 보여주는 자료가 있습니다.

기업 성과 평가 사이트 〈CEO스코어〉가 지난해 8월 발표한 자료에 의하면 30대 그룹 중에서 사장단에 아예 호남 출신이 단 한 명도 없는 재벌사는 삼성, GS, 한화, 롯데, 한진 등 5개였습니다. 30대 그룹 전체의 사장단에서 영남 출신이 차지하는 비율은 42%로 서울(28%), 경기·인천(9%)을 합친 것보다 5%p 더 많습니다. 30대 그룹 전체 사장단에서 호남 출신의 비율은 6%로 충청(11%)의 절반 수준이며, 강원도(4%)보다 약간 더 많습니다. 그리고 영남 출신은 호남 출신의 딱 7배입니다. 7배, 이 정도면 그냥 괜찮은 수준인 겁니까?

범위를 500대 기업 전문 경영인 526명으로 넓혀 보겠습니다. 출신지가 확인된 373명 중 영남 출신이 140명, 호남 출신이 34명이었습니다. 영남이 호남의 4.1배이군요. 30대 그룹에 비해서는 호남 소외가 덜하니 그나마 감지덕지해야 할까요? 그래도 먹고살 쥐구멍은 남겨주셔서 감사해야 할까요?

이 사실은 중요한 시사점을 던져 줍니다. 한국 경제에서 차지하는 비중이 큰 대기업으로 갈수록 영남 편중과 호남 소외가 심해진다는 점입니다. 이것은 뭘 의미할까요? '역시 영남 출신들이 똑똑해. 영남 출신을 많이 채용할수록 기업 경쟁력이 높아지고 규모가 커지는구만.' 이렇게 생각하는 분들도 분명히 계실 겁니다.

박정희 정권 이래 우리나라 재벌들은 금융 지원과 외자 도입 등 국가의 자원 배분에서 어마어마한 특혜를 받아서 성장해 왔습니다. 대기업에서 영남 출신의 비중이 큰 것은 우리나라 역대 영남 정권의 영남 출신 고위 공직자들이 노골적으로 영남 출신 재벌들의 이익을 옹호해 왔고, 이들 재벌은 다시 인사 관리에서 자기 고향 출신들에게 특혜를 베풀어 왔다는 사실을 보여줍니다.

중소·중견기업 등은 어떨까요? 통계는 찾지 못했지만 상당한 시사점을 주는 이야기를 전해들은 적이 있습니다. 중견기업 인사 담당자들이 모여서 대화하며 '우리 회사에서는 현실적으로 호남 출신 인재 채용이 불가능하다'는 얘기를 꺼내자 다른 회사의 인사 담당자들도 '우리도 마찬가지'라며 동의했다고 하더군요.

중소·중견기업은 대기업이나 공기업, 공공기관, 정부부처 등을 상대로 비즈니스를 하는 경우가 많습니다. 이들 갑甲의 고위층이 영남 출신인 경우가 많고 그러다 보니 실무진도 영남인 경우가 많고 결국 그들을 '갑'으로 상대하는 을乙 기업의 담당자가 호남 출신인 것은 매우 불리한 요소라는 겁니다.

어떤 청년의 죽음과 사회적 학살

이 문제와 관련해 무척 슬픈 사건이 기억납니다. 2009년 3월 10일, 29살 청년 정 모 씨가 한강에서 자살한 시체로 발견되었다는 보도입니다. 고려대 정외과 98학번이던 정씨는 어려운 가정 형편 때문에 휴학과 복학을 반복하다 결국 2006년에 학교를 그만두고 알바로 생활하며 고시원에서 살아가다가 삶을 비관해 자살을 선택했다는 것입니다.

기사는 취업난으로 고통받는 청년 세대의 실상을 그린다고 했지만 저에게는 기사 중에서 다른 내용이 눈에 띄었습니다. 청년이 전남 담양에서 고교를 졸업한 후 고려대 정외과에 진학했다는 것입니다. 아시겠지만 지방의 농촌 고교를 졸업하고 고려대 정외과에 입학했다면 이 청년은 학습 능력과 발전 가능성이 뛰어난 인재라고 할 수 있습니다. 여기서 한 가지 의문이 생깁니다. 만일 이 청년이 전남 담양이 아닌 가령 경상도 어느 지역 출신이었다 해도 저렇게 비참한 최후를 맞이했을까 하는 점입니다.

우리 속담에 '서 발 장대를 휘둘러도 거칠 것이 없다'는 표현이 있습니다. 너무 가난하여 집안에 세간이랄 것이 거의 없거나 외로운 모습을 나타내는 표현입니다. 저는 자살한 정 모 씨의 상황이 저 속담 그대로였을 것이라고 생각합니다. 저 청년에게 학비를 지원했거나 최소한 빌려줄 친인척이 전혀 없었다는 것입니다.

대학 학비가 비싸다지만 요즘 돈으로 주위 친인척 몇 사람이 힘을 모아 2천만에서 3천만 원 정도만 지원했어도 저 청년은 무사히 학업을 마치고 빌린 학자금도 갚고 사회의 괜찮은 인재로서 살아갔을 것이라고 생각합니다. 국가에서 손꼽히는 인재가 되었을 수도 있습니다. 하지만 그런 지원은 끝내 나타나지 않았습니다. 서 발 장대를 휘둘러도 거칠 것 하나 없었기 때문입니다. 사돈네 팔촌까지 뒤져봐도 저런 돈을 지원할 만한 경제력을 가진 사람을 찾을 수 없었기 때문일 것입니다.

이 사건은 표면적으로 한 청년의 비참한 현실을 보여주지만, 심층적으로는 저 청년을 둘러싼 집안과 일가친척의 전반적인 경제 상황을 보여줍니다. 이것은 하나의 샘플이지만 그 샘플을 통해서 호남 사람들 태반이 처해 있는 현실을 읽을 수 있습니다. 서 발 장대를 휘둘러도 사돈네 팔촌까지 거치는 것 하나 없이 살아가는 사람들이라는 겁니다.

이 청년의 죽음은 자살이 아니라 사회적인 타살이라고 봐야 합니다. 그리고 이러한 현실이 호남 출신들 거의 대부분에게 '강 건너 불'이 아닌 언제든지 현실화할 수 있는 위협이라는 점에서 이것은 거의 사회적 학살이라고 표현할 수 있는 문제입니다.

1980년 광주민주항쟁 당시 희생자 규모는 열흘 남짓한 동안 수백 명 이상이지만 박정희 정권 이래 호남 소외와 경제적 낙후, 왕따 등 객지 생활의 어려움 등으로 사망한 숫자는 정확한 통계가 없지만 광주항쟁 당시 희생자의 몇 백, 몇 천 배에 이를 것으로 보입니다. 박정희 정권 이래 호남 지역의 두드러진 인구 감소 그리고 서울 지역 저소득층 가구주의 압도적 다수가 호남 출신이라는 사실이 이 현실을 간접적으로 보여줍니다.

문제는 이러한 현실을 타개할 대책이 여와 야, 보수와 진보를 막론하고 나오지 않고 있다는 점입니다. 심지어 호남 내부에서도 진지한 고민과 발언이 별로 나오지 않고 있습니다.

호남도 변해야 한다

저는 무엇보다 먼저 호남 사람들이 이 문제를 바라보는 인식부터 바꾸어야 한다고 생각합니다. 개인적인 얘기입니다만, 제가 지역 차별과 호남 혐오 문제를 공론화하기 위해 사람들을 만났을 때 호남 출신들이 가장 많이 하신 말씀이 "그런 활동은 호남 아닌 다른 지역 사람이 하는 게 좋다"는 것이었습니다. 자신들의 문제인데도 자신의 노력이 아닌 다른 사람의 손을 통해서 해결해야 한다고 믿는 이 생각, 이걸 노예 근성 아니면 뭐라고 표현해야 합니까?

호남 사람들이 이 문제와 관련해서 갖고 있는 깊은 피해 의식과 자기 검열을 극복하지 못하면, 스스로 이 문제의 해결을 위해 적극적이고 주도적인 자세로 발언하지 않으면, 호남은 정말 앞으로 영원히 이 나라에서 사라져 버리는 존재가 될 수도 있습니다. 실제로 호남 사람들이 아메리카 인디언처럼 그 존재가 소멸될 것이라고 우려하는 사람들도 있습니다.

호남 출신 엘리트들의 역할이 중요합니다. 보다 적극적으로 발언해야 합니다. 현재 호남 출신 엘리트들이 호남 소외와 차별 문제에 대해 보이는 태도는 심각한 직무 유기에 해당합니다. 일부에서는 호남 엘리트들이 이 문제에 무관심한 이유에 대해 '호남 출신으로서 사회 지도층의 위치에 오르기 위해 영남 패권 세력들과 타협해 온 관성 때문'으로 해석합니다.

간단히 말해 영남 엘리트들의 눈치를 보면서 성장해 온 후유증이라는 겁니다. 이런 기회주의적인 태도를 벗어나지 못하면 호남 엘리트들은 영남 엘리트와 호남 민중들로부터 동시에 외면받는 존재가 될 가능성도 있습니다. 호남 민중들의 신뢰를 잃은 호남 엘리트는 영남 출신 지배계층에게도 별로 쓸모가 없는 존재이기 때문입니다.

호남의 소외와 차별을 벗어나기 위해 경제적 낙후와 인사 차별 등도 모두 중요하지만 모든 문제를 한꺼번에 해결할 수는 없습니다. 우선 순위를 정해 시급한 순서대로 해결해 가는 지혜가 필요합니다. 이 문제를 해결하는 데 투입할 자원이 제한적이고 우리의 역량이 약하기 때문입니다.

우선 순위를 정할 때 가장 먼저 고려해야 할 것이 호남의 고립을 피하고, 영남을 포함한 대한민국 전체 시민의 동의와 지지를 얻을 수 있는 과제를 선택하여 성과를 얻어야 한다는 것입니다. 이러한 성과를 통해 얻은 신뢰와 명분을 통해 그보다 더 상위 단계의 목표를 향해 나아가야 합니다. 이런 점에서 인사상 불이익의 철폐나 산업 경제적 부흥 등을 전면적으로 요구하는 것은 신중하게 접근해야 할 것으로 봅니다. 다른 지역 시민들의 이익과 충돌할 가능성이 높고, "호남에게만 혜택을 달라는 거냐?"라는 반발을 불러일으킬 수 있기 때문입니다.

이런 점에서 호남의 세 가지 해결 과제 가운데 인종주의적 혐오 발언의 척결이야말로 가장 시급한 숙제입니다. 인사 차별이나 산업 정책의 소외 역시 호남 혐오 현상 위에서 합리화되는 측면이 강합니다. 또한 이 문제는 최소한의 상식을 가진 대한민국 국민이라면 결코 필요성과 대의명분을 부정할 수 없습니다.

인종주의적 혐오 발언 척결이라는 단일한 타깃을 정하고, 그것에 모든 노력을 집중해야 합니다. 공적·사적인 자리에서 호남을 혐오하고 비하하는 언행에 대해 최소한의 법적 제재 장치를 만들도록 노력하고, 이것이 이루어지기 전에라도 그러한 언행을 하는 개인에 대해 집단적으로 항의하는 행동이 있어야 합니다.

구체적인 접근 전략으로 저는 세 가지 연대 또는 결합을 제기하고 싶습니다. 즉 △호남 출신 엘리트와 호남 민중의 결합 △수도권 등 호남을 떠난 호남 출신들과 현재 호남에 거주하는 사람들의 결합 △민주화 운동 등에 참여했던 호남 1세대와 2,3세대의 결합이 그것입니다.

호남 엘리트들의 문제에 대해서 언급했지만, 현재 호남 거주자들 역시 호남 출향민들이 타향에서 겪는 호남에 대한 증오와 소외 현상을 체험하지 못했기 때문에 문제의 심각성을 인식하지 못하는 경우가 많습니다. 또한 민주화의 경험이 없는 2,3세대들은 직접 고생하며 독재정권과 싸운 부모들의 체험을 공유하지 못하고 오히려 호남인으로서의 정체성이 약하거나 의식적으로 강하게 부정하는 경우도 많습니다.

마지막으로, 호남 출신들이 벗어나야 할 굴레를 지적하고 싶습니다. 호남의 문제를 해결하는 데 마치 호남은 모든 것을 잘했고, 피해자인 것처럼 생각하는 것은 피해야 합니다. 특히 일부 호남 출신들이 드러내는 반기업·반시장 정서는 심각한 문제입니다. 그런 태도는 결국 호남의 처지를 더욱 열악하게 만들 수밖에 없습니다. 호남 지역에 공장을 설립하려 한 기업이 '지역 성향'을 문제삼은 이사진의 반대로 최종 단계에서 투자를 취소한 사례, 호남 지역 지방자치단체장이 어렵사리 혜택을 주어가며 괜찮은 사업체를 유치했는데 해당 지역

기초의원이 특혜를 문제삼아 결국 투자가 취소된 사례를 들은 적이 있습니다.

'사람이 무엇보다 우선'이라는 철학에서 기인하는 것인지 몰라도 이것은 자승자박이 될 수밖에 없습니다. 반기업 · 반시장 정서는 결국 호남 청년들의 진로를 시민단체나 정치권 등 소위 운동권으로 한정하고 미래를 제약합니다. 이런 일이 반복되니까 새정치연합이나 일부 좌파 세력은 호남이 자신의 당연한 권익을 옹호하는 행동조차 불순한 타협이자 오염, 지역 이기주의로 몰아가곤 합니다. 노동 및 시민사회 단체에서 일하는 호남 출신 활동가들의 인식 전환을 기대해 봅니다.

오늘 다른 분들의 발제 내용에서도 과도한 정신주의, 반물질주의가 너무 강하게 드러난다는 느낌을 받습니다. 요즘 유행하는 말로 '정신 승리'라고나 할까요? 자꾸 이런 것을 호남의 정체성으로 내세우면 좌파들은 '너희들은 이슬만 먹고사는 사슴들'이라는 개념으로 호남을 옭아매게 됩니다. 호남의 정치적 입장을 내세우는 요구에 대해 토호니 부패니 비난을 퍼붓는 것이 대표적인 사례일 것입니다.

호남의 문제를 해결하는 것은 결코 호남만 잘 먹고 잘 살자는 요구가 아닙니다. 까보전(까고 보니 전라도)이라는 표현이 당연한 상식처럼 쓰이는 사회입니다. 아무리 옳고 정당한 발언을 해도 단지 그 발언자가 호남 출신이라는 이유만으로 배척받는다면 이미 그 사회는 최소한의 합리성조차 상실했다고 봐야 합니다. 그런 사회가 미래의 발전을 위한 건강한 접근이 이루어지고 험난한 국제 사회의 경쟁을 헤쳐나갈 수 있겠습니까? 그건 불가능합니다. 그런 점에서 호남 차별 해결은 이 나라와 사회 전체의 핵심적인 합리성을 제고하는 노력이라는 자부심을 가져야 한다고 봅니다.

2014년 11월 14일

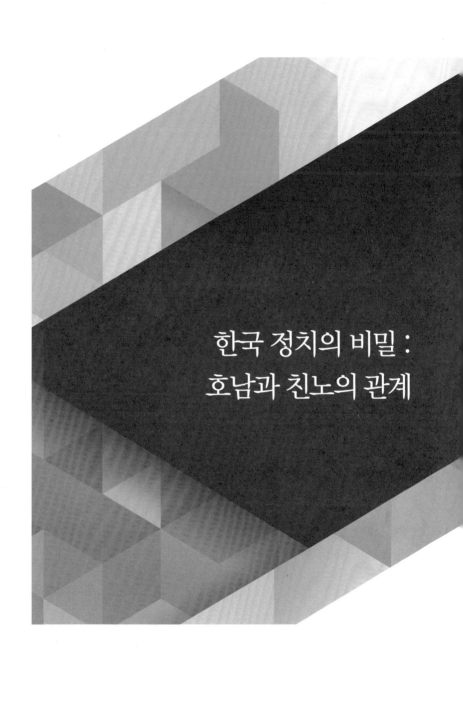

한국 정치의 비밀 :
호남과 친노의 관계

한국 정치의 비밀 : 호남과 친노의 관계

2015년 7월 16일(목) 광주 복지국가소사이어티에서 강연한 내용입니다.

친노가 호남 정치의 퇴보와 몰락 불러

정치 활동의 핵심은 우리편의 숫자를 늘리고 상대의 숫자는 줄이는 것입니다. 정치인과 정치 세력이 정치적 가치관이나 지지 기반이 다른 세력과 손을 잡는 것도 이러한 노력입니다. 대통령 선거나 총선 등 중요한 정치 일정이 다가오면 이런 활동이 더욱 활발해집니다. 정책 연대나 후보 단일화 등 흔히 정치 공학이라고 불리는 것들을 다 여기에 포함시킬 수 있을 것입니다.

호남은 이러한 정치 공학에 대한 이해가 높고 호의적입니다. 호남의 유권자들이 친노 세력에 대해서 매우 우호적인 태도를 보여 온 것이 그 사실을 단적으로 보여줍니다. 호남 혼자만의 힘으로는 권력을 잡을 수 없기 때문에 상대적으로 민주 · 진보 · 개혁 등 호남 정치가 추구해온 가치를 공유할 수 있는 집단과 손잡을 필요가 있다고 판단한 것입니다.

이러한 선택은 호남 유권자들의 매우 성숙한 정치적 판단에서 나온 것입니다. 이 선택은 우리나라의 정치에서 상당히 긍정적인 역할을 했습니다. 적어도 2002년 노무현의 당선까지는 긍정적인 결과라고 평가해 줄 수 있습니다. 하지만 흘러간 물로 물레방아를 돌릴 수는 없습니다. 과거에 긍정적이었던 정치적 선택도 장기적인 역사적 맥락 속에서는 전혀 다른 평가를 받을 수 있습니다. 그래서 변화를 수용할 필요가 생깁니다. 그래야 그 정치 세력이 살아남을 수 있습니다.

변화를 수용하지 못하는 정치 세력에게는 퇴보와 몰락이라는 결과가 기다리고 있습니다. 지금 호남 정치 세력이 직면하고 있는 현실이 이것입니다. 친노 세력의 본질을 이해하지 못하고 그들에 대한 태도를 바꾸지 못한 것이 호남 정치가 위기에 처한 근본 원인입니다. 그렇다면 도대체 친노 세력의 본질이 무엇이기에 그들과의 제휴 그리고 무조건적인 지지가 호남 정치의 퇴보와 몰락을 낳은 것일까요?

친노 세력은 호남을 모욕하고, 호남이 우리 역사에서 했던 역할을 부정하고, 호남의 정치적 자산을 도둑질하지 않으면 결코 존재할 수 없는 세력입니다. 오늘 말씀드릴 내용이 바로 그렇게 판단하는 근거, 그리고 앞으로 호남이 어떤 정치적 선택을 해야 하는지에 대한 것입니다.

대한민국에는 제3의 정치 공간이 없다

대한민국에는 두 개의 정치적 기반과 상징 자산이 있습니다. 그 하나는 근대화 · 경제개발 · 반공 · 박정희 · 영남으로 대표되는 정치적 기반으로 새누리당이 여기에 근거한 정당입니다. 다른 하나는 민주화 · 경제개혁 · 남북대화 · 김대중 · 호남으로 대표되는 정치적 기반으로 새정치연합(민주당)이 여기에 근거한 정당입니다.

이 두 가지 말고 다른 정치적 기반과 자산이 없다는 것은 새누리당과 새정련 등 양대 정당 말고 제3의 정치 세력이 자리잡을 '빈 땅'이 대한민국에 존재하지 않는다는 것을 의미합니다. 한때 정주영 박찬종 이인제 문국현 등이 바람을 일으켰지만 그때뿐이었고 지속성을 갖지 못했습니다. 진보 정당은 지속성을 가졌지만 그 정치 기반은 민주당과 겹칩니다. 역대 선거 결과를 보면 이 점이 뚜렷하게 드러납니다.

사실 진보 정당 세력이 추구했던 것은 민주당 등 보수 개혁 세력의 대체였습니다. 새누리당으로 대표되는 수구 세력이 아니라 자기 나름 개혁 성향을 내세워 기층 민중의 지지를 훔쳐가는(?) 민주당을 타격해서 그 자리를 자신들이 대신해야 한다는 생각이었던 것입니다. 하지만 현실은 달랐습니다. 민주당이 선거에서 승리할 때 진보 정당 지지율도 높아졌고 반대의 경우에도 민주당의 선거 결과와 뚜렷한 동조화(synchronized) 현상이 나타났습니다. 유권자 대중의 눈에는 민주당과 진보 정당이 뚜렷이 구별되지 않는 개혁1, 개혁2 정도의 차이였을 것입니다.

양대 정당 외에 독자적인 정치 기반이 존재하지 않는다는 것은 '선거의 여왕'이라는 박근혜의 사례에서도 알 수 있습니다. 박근혜는 2002년 이회창의 제왕적 지배를 비판하며 한나라당을 탈당했지만, 1년도 버티지 못하고 슬그머니 복당했습니다. 이명박 정권 당시 공천에서 학살당한 친박계가 친박연대를 만들어나갈 때에도 박근혜가 동반 탈당하지 못하고 간접 지원에 그쳤던 것도 마찬가지입니다. 선거의 여왕조차 양대 정당의 자장에서 자유로운 제3의 지대, 빈 땅 만들 수 없었던 것입니다. 우리나라에서 양당제를 벗어나 다당제를 추구한다는 것이 얼마나 어려운지 실증적으로 보여주는 사례입니다.

호남 모욕이 친노의 유일한 생존 전략

친노 세력의 고민이 이 지점에서 출발합니다. 새누리당이나 새정치연합과 별개로 자신들만의 정치적 거점을 만들 수 있다면 굳이 호남과 불편한 동거를 이어갈 이유가 없습니다. 물론 친노 세력도 그 나름대로 독자 세력화를 시도했습니다. 유시민을 비롯한 국참계의 도전과 좌절이 대표적입니다. 하지만 그 시도는 실패했고 친노 세력은 민주당에 들어와 호남의 정치 기반을 접수하는 전략으로 전환했습니다. 문성근의 '백만민란, 혁신과통합' 등이 바로 이러한 구상에서 나온 정치 이벤트입니다.

정치적 연대나 제휴는 당사자들의 정치관이나 지지 기반이 다르다는 것을 전제로 합니다. 호남과 친노의 관계도 이런 것이어야 했습니다. 즉, 상대의 존재를 인정하고 정치적 목표의 교집합을 확대하는 방향으로 선의의 협력과 경쟁이 이루어져야 했습니다. 하지만 친노 세력은 통합 이후 이른바 노이사(친노+이화여대+486) 공천을 통해 호남 출신 정치인을 배제하는 데 주력했습니다. 이런 행태는 일회성에 그치지 않고 현재까지 지속되고 있습니다. 새정치연합에서 친노 패권이 문제가 되고 호남의 지지가 흔들리는 근본 원인이 여기에 있는 것입니다.

더욱 심각한 것은 친노 세력이 호남 출신 정치인들을 배제하는 수단이 호남과 호남의 정치적 선택에 대한 비하와 모욕이라는 것입니다. 이른바 토호론이 그것입니다. 이 주장의 타격 대상은 김대중과 동교동계 그리고 오랜 세월 이들을 지지해온 호남의 선택입니다. 김대중과 동교동계 기타 호남 정치인들은 부패하고 무능하고 타락한 세력이라는 것이고 그렇기 때문에 참신하고 깨끗하고 유능한 친노 세력이 그들을 대신해야 한다는 주장입니다.

김대중과 동교동계의 정치가 지금 기준으로 봤을 때 투명하고 깨끗하지 못한 부분이 있었다는 것은 분명합니다. 하지만 그 평가는 그들이 활동했던 시대의 정치 사회적인 조건과 제약을 감안해야 합니다. 유신정권 시대에는 단순히 김대중을 지지한다는 이유만으로 패가망신했던 사람들이 적지 않았던 사실을 기억해야 합니다.

김대중 전 대통령의 장남인 김홍일 전 의원의 현재 상태를 보십시오. 대통령 후보까지 지냈던 야당 지도자의 아들이 고문 때문에 장애인이 되는 야만의 시대였습니다. 그런데 그런 시대에 온몸을 던져 민주화를 위해 싸워 왔던 사람들에게 투명하지 못하다, 부패한 토호 세력이라고 비난하는 게 옳은 태도입니까? 친노는 이런 수법을 통해서 야당의 리더십을 탈취했습니다.

한화갑 한광옥 김경재 등 동교동계 정치인들이 박근혜를 지지했다는 이유로 비난을 받지만, 냉정하게 따져 봅시다. 길 가다가 지갑 주웠던 탄돌이들을 포함해 친노 정치인을 전부 모아도 민주화와 평화적 정권 교체에 기여한 몫에서 저 동교동계 정치인 한 사람 한 사람을 따라갈 수 없습니다. 노무현 본인이라 해도 저 동교동계 정치인들 앞에서는 공손히 예의를 갖추는 게 맞습니다. 저 동교동계 정치인들이 온갖 어려움 무릅쓰고 박정희 전두환 정권과 치열하게 싸울 때 노무현은 돈 잘 버는 세무 변호사였습니다.

집 문서 넘기고 짜장면 얻어먹기

저는 칭노稱盧라는 용어를 무척 싫어합니다. 이 용어에는 '친노 세력의 잘못에 노무현의 책임은 없고 노무현의 정신을 악용하는 무리의 잘못이 있을 뿐'이라는 메시지가 담겨 있습니다. 과연 그럴까요?

노무현은 집권하자마자 대북 송금 특검을 했고 민주당을 분당했으며 대연정을 제안 했습니다. 모두가 김대중과 호남의 정치적 정당성에 타격을 주는 행위였습니다. '호남이 나 좋아서 찍었나 이회창이 싫어서 찍었지, 호남이 과거 정권의 자원 배분에서 차별 받았다는 증거가 있느냐, 호남 정치인들이랑 같이 정치 못하겠다'는 등 직접 호남을 모욕하는 발언도 많았습니다. 2007년 대선에서는 고건 정동영 등 호남 정치인들을 골라 저격했고, 이명박과 타협해서 정권 교체 이후의 안전을 도모했다는 사실도 드러났습니다. 저는 노무현이 정동영보다 이명박에게 정권 넘기는 것이 낫다고 판단하고 실제로 그렇게 행동했다고 봅니다.

그래도 노무현이 인사나 예산 등에서 호남을 배려했고, 최소한 이명박 박근혜 정권보다는 호남에 우호적이었다고 말씀하시는 분들이 많습니다. 틀린 말은 아닙니다. 하지만 중요한 것은 그런 인사나 예산상 배려의 대가로 호남이 무엇을 희생했느냐 하는 점입니다.

노무현은 임기 내내 그리고 임기가 끝난 뒤에도 김대중과 동교동, 호남 정치를 비하하고 모욕하고 모함했습니다. 호남이 노무현 때문에 얻은 것과 잃은 것을 비교해 보면 저는 호남이 조상 대대로 전해 왔던 집 문서, 땅 문서 심지어 조상들의 묘가 있는 선산까지 공짜로 넘기고 그 대가로 짜장면 몇 그릇 얻어먹었다고 생각합니다.

그 짜장면 몇 그릇 얻어먹은 사람들이 호남이 노무현 때문에 잃은 것은 생각하지 않고 '그래도 짜장면이라도 사주는 노무현이 좋은 사람'이라고 말하는 것이 호남 정치의 현실입니다. 정치는 결국 명분 싸움이고 정의의 문제를 다루는 기술입니다. 노무현이 훼손한 호남 정치의 정당성을 그깟 장·차관 자리 몇 개나 예산 몇 푼이 보상해 줄 수 있습니까? 어림도 없는 소리입니다. 물론 장·차관 감투 쓴 당사자들이나 눈먼 예산 따먹은 사람들에게는 그들이 얻은 이익이 호남의 피해보다 훨씬 소중할 것입니다.

친노는 김영삼의 정치적 후손

우리는 노무현과 친노가 새누리당에 비해 호남에게 더 호의적인지도 냉철하게 따져봐야 합니다. 새누리당은 호남에게 받은 것이 없기 때문에 어찌 보면 호남을 배려하지 않는 것이 당연합니다. 하지만 친노 세력은 호남의 지지가 없으면 정치적으로 아예 존재할 수도 없습니다. 그런데도 친노 세력은 호남의 표만 가져갈 뿐 호남의 이익을 위해서는 행동하지 않습니다. 그뿐만 아니라 기회만 되면 호남을 모욕하는 데 앞장섭니다. 과연 누가 더 파렴치한 행동을 하고 있습니까?

노무현은 김영삼을 통해서 정계에 입문했습니다. 김영삼의 정치적 자식인 것입니다. 삼당합당 때 김영삼을 따라가지 않았다고 해서 그의 정체성이 바뀌었을까요? 하나 묻겠습니다. 대연정 제안이 추구했던 정치적 구도와 삼당합당의 목표가 과연 다릅니까? 둘 다 호남 고립 구도, TK와 PK의 연대를 통한 영남 패권의 안정화를 목표로 한 것 아닌가요?

사실 이것은 제 판단이 아니라 노무현의 후계자인 문재인의 입을 통해 드러난 사실입니다. 참여정부 당시 문재인이 '우리는 부산정권'이라고 밝히기도 했고 지난 대선 때는 부산에서 "세 번째 부산 대통령을 만들어 달라"고 요구하기도 했습니다. 사람들은 이 발언에서 '부산 대통령'에 주목하는데, 저는 '세 번째'라는 말에 더 큰 함의가 있다고 봅니다. 첫 번째가 김영삼, 두 번째가 노무현, 세 번째가 문재인 자기라는 것 아닙니까? 즉, 친노의 정치적 뿌리가 김영삼이라는 것을 스스로 고백한 것입니다.

친노 없다? 패권 개념의 오해

친노 패권에 대해서 사람들이 오해하는 게 있습니다. 도대체 친노가 어디 있느냐는 의문이 그것입니다. 새정치연합 안에도 친노 직계로 분류되는 정치인은 그다지 많지 않다고 합니다. 숫자가 적은데 어떻게 패권이 될 수 있느냐는 거죠. 하지만 이것은 패권(hegemony) 개념에 대한 오해입니다.

패권, 즉 헤게모니는 다른 집단의 행동에 영향력을 미칠 수 있는 힘입니다. 미국이 전세계 국가들을 직접 지배하지 않으면서도 그들의 행동에 엄청난 영향력을 행사하는 것이 전형적인 패권입니다. 친노 패권도 마찬가지입니다. 직접 친노 집단으로 분류할 수 있는 정치인은 많지 않지만 이들은 야권 전반에 막강한 영향력을 갖고 있습니다. 그 이유가 무엇일까요?

친노 세력은 한경오(한겨레신문, 경향신문, 오마이뉴스) 등 진보 언론, 원탁회의로 대표되는 운동권 원로 그룹, 문화 운동계, 진보 성향의 교수 등 지식인 그룹, 친노 성향의 네티즌(깨시민)들의 지지를 등에 업고 있습니다. 호남 정치 복원 얘기가 나오자마자 진중권, 조국, 이정우, 김갑수(문화평론가) 등이 일제히 호남에 대해 저주에 가까운 비난을 퍼붓는 것을 보십시오. 이들이 하나로 뭉쳐 친노 그룹을 지지하게 만드는 힘을 저는 '궁물의 추억'이라고 부릅니다.

동교동계(호남), 산업화 세력(김종필 등), 운동권(김근태 등) 삼각축으로 구성된 김대중 정권과 달리 노무현 정권은 민주당 분당 등으로 기존 지지층을 많이 상실했습니다. 그래서 부랴부랴 급조한 지지층이 위에 열거한 세력들입니다. 노무현 정권 당시 지지 기반을 유지하기 위해 얼마나 눈먼 돈을 뿌려댔는지 많은 사람들이 증언하고 있습니다. 이런 과정을 통해 야권의 중심에 등장한 것이 PK 운동권 출신 친노 그룹이었습니다. 그래서 저는 영화 〈변호인〉의 진짜 제목은 〈친노의 탄생〉이어야 한다고 생각합니다.

신상필벌과 실사구시의 부재가 진짜 문제

새정치연합의 문제를 대부분 '계파 갈등'이리고 진단합니다. 저는 그렇게 생각하지 않습니다. 정치 철학이나 노선, 정책의 차이에 의해 생긴 계파라면 그것은 건전한 내부 경쟁과 정당의 체질 강화로 이어집니다. 지금 새정치연합에 그런 의미의 계파가 있습니까? 새정치연합의 계파는 친노1, 친노2, 친노n 등으로 불러야 합니다. 거기에 극소수 비노(반노가 아닌)가 간신히 목소리를 내고 있을 뿐입니다.

새정치연합의 진짜 문제는 정당 조직에 반드시 필요한 두 가지가 없다는 것입니다. 그것은 신상필벌과 실사구시입니다. 신상필벌은 당에 기여한 사람에게 공천이나 기타 중요한 직책을 주는 것입니다. 새정치연합이 흔들리는 직접적인 원인이 신상필벌의 부재입니다. 고생한 사람이 물먹고, 자격도 없는 사람이 낙하산을 타고 내려옵니다. 그리고 대부분 호남 출신, 동교동계가 그 희생양이 됩니다. 노무현의 김대중 죽이기는 여전히 현재 진행형인 것입니다.

친노 세력이 기필코 모바일 투표, 네트워크 정당을 관철하려는 이유도 이것입니다. 당원의 중심을 이루는 호남 출신의 목소리를 죽이고 외부 세력 즉 친노에 우호적인 그룹을 동원하여 의사 결정을 장악하겠다는 속셈입니다. 그 외부 세력은 대부분 김대중과 민주당을 지지한 적이 없는 사람들입니다.

실사구시의 부재는 과학적 세계관의 부재를 말합니다. 이는 정책적 불임으로 이어집니다. 새정치연합의 당원 모임에 가보면 당원들이 '기본적인 민주적 의사 결정에서도 새누리당에 뒤진다'는 얘기와 함께 '당원들이 다른 사람을 설득할 수 있는 정책 대안이 없다'는 얘기가 자주 나옵니다. 새정치연합 정치인들이 입만 열면 튀어나오는 신자유주의 타령이 이것을 잘 보여줍니다.

신상필벌과 실사구시의 부재, 이 두 가지 문제의 배후에 친노 세력이 자리잡고 있습니다. 그래서 저는 우리나라의 정치 개혁은 친노 세력의 척결에서 시작해야 한다고 봅니다. 친노를 정리하지 않으면 야권 진보 개혁 진영이 바로서지 못하고, 야권 진보 개혁 진영이 건강해지지 않으면 호남이 정상화될 수 없습니다. 호남이 정상화되지 못하면 대한민국은 더 이상 앞으로 나아가지 못합니다.

친노는 영남 패권의 2중대

앞에서 제가 친노가 소수임에도 막강한 영향력을 휘두르는 배경을 언급했습니다만 실은 가장 중요한 한 가지를 빠뜨렸습니다. 그것은 호남의 진보 지식인, 유권자들의 허위 의식과 비겁한 태도입니다.

제가 지역 차별 문제를 공론화하면서 가장 많이 들은 얘기가 '그런 얘기는 호남이 아닌 다른 지역 사람이 해야 한다' 또는 '그 문제는 건드리면 건드릴수록 커지는 괴물이니 얘기하면 안 된다'는 것이었습니다. 자신의 문제를 말하는 것조차 자신이 아닌 다른 사람들의 입을 빌려야 한다는 것, 문제를 덮어두는 것이 최선의 해결책이라는 생각이야말로 노예 근성이라는 말로도 표현하기 힘든 비겁과 허위 의식의 발로입니다. 그리고 그런 얘기의 대부분을 호남의 진보 지식인과 유권자들의 입을 통해서 들었던 것이 제가 이 활동에서 얻은 가장 처절한 경험이었습니다.

호남은 경제적 낙후, 공공과 민간 분야의 인사차별, 광범위한 혐오 등 세 가지 질곡에 시달리고 있습니다. 그리고 이런 문제의 해결을 가로막는 가장 큰 장애물이 호남 사람들의 자기 정당성에 대한 확신의 결여입니다. 유시민 등이 호남을 상대로 협박의 기술을 줄기차게 써먹었던 것이 호남 사람들의 이런 약점을 파악했기 때문입니다. "너희들 소수지? 그러니 우리 말 들어. 안 그러면 왕따시킬 거야." 이것이 바로 유시민 등 친노 세력이 호남에게 줄기차게 들이 대는 핵심 메시지입니다.

친노의 호남 폄하에 동조하지 맙시다. 호남 출신이 호남 비판하면 자신의 출신 지역에 얽매이지 않는 쿨한 지식인이 되는 느낌일 겁니다. 하지만 그 모습 보는 친노들 낄낄대며 즐거워합니다. 친노 지식인들이 호남 정치와 호남 사람들에 대해서 어떤 식으로 묘사하는지는 진중권이나 종편 엔터테이너 주제에 정치 평론가 행세를 하는 김갑수의 발언을 보면 잘 알 수 있습니다.

진중권의 경우 2002년 대선 끝나고 호남에 대해 '너희들끼리 가서 전라인민공화국이나 만들어라'는 혐오 발언을 공개적으로 했다는 것만 일단 말씀드립니다. 호남 사람들이 이런 자들에게 동조하는 것은 자기 조상 영정에 침뱉고 똥물 끼얹는 자들을 선지식이라고 융숭하게 대접하는 꼴입니다. 뱃도 없습니까? 정신 좀 차립시다.

호남 차별과 혐오가 쉽사리 사라지지 않는 것은 이 문제가 단순한 문화적 현상이나 선입견의 발로가 아니라는 것을 보여줍니다. 권력의 문제가 개입돼 있는 것입니다. 영남 패권이 선거에서 백전백승하기 위해 가장 손쉽고 효과적으로 사용할 수 있는 무기가 호남에 대한 혐오와 왕따를 부추겨 대한민국의 갈등 구도를 호남 대 반호남으로 만드는 것입니다. 친노는 이런 점에서 영남 패권의 일원일 수밖에 없습니다.

제가 호남의 한풀이나 호남 이기주의를 주장하는 것이 아닙니다. 호남 소외와 왕따를 무기로 대한민국의 자원 배분 등 의사 결정권을 독점한 영남 패권이 과연 이 나라를 발전시키는 합리적인 결정을 할 수 있겠습니까? 저는 저의 활동에 대해 묻는 분들에게 '대한민국 자본주의의 합리성 제고가 목표'라고 설명합니다. 호남 역시 자신의 문제 해결이 대한민국의 정상화로 가는 필수 경로라는 사실을 분명히 인식하고 자부심을 가져야 합니다.

노무현과 친노가 호남에 끼친 해악은 짧은 강연으로 소개하기 어렵습니다. 한 가지 분명한 것은 친노를 척결하지 못하는 한 호남은 앞으로도 영원히 정치적 노예 신세를 면할 수 없다는 겁니다. 정치인들이 유권자를 두려워하는 것이 아니라, 유권자들이 정치 세력의 눈치를 보는 엽기적인 현상이 친노와 호남의 관계를 잘 보여줍니다.

호남이 선택할 길은 분명합니다. 친노 세력에 대한 거부를 분명히 행동으로 보여줘야 합니다. 호남과 친노는 결코 같이 갈 수 없습니다. 앞으로 치러지는 모든 선거에서 친노 세력의 아성인 새정치연합(현 더불어민주당) 소속 후보 또는 친노 성향임을 드러내는 후보는 단 한 사람도 당선시키지 말아야 합니다. 그리고 호남 모욕을 지식인의 징표인 양 떠벌이는 지식인들에 대한 거부를 분명히 해야 합니다. 이 지역 대학 총학생회가 진중권 따위를 초빙해서 강연을 듣는 서글픈 현상은 더 이상 나타나지 않아야 한다고 생각합니다.

2015년 7월 16일

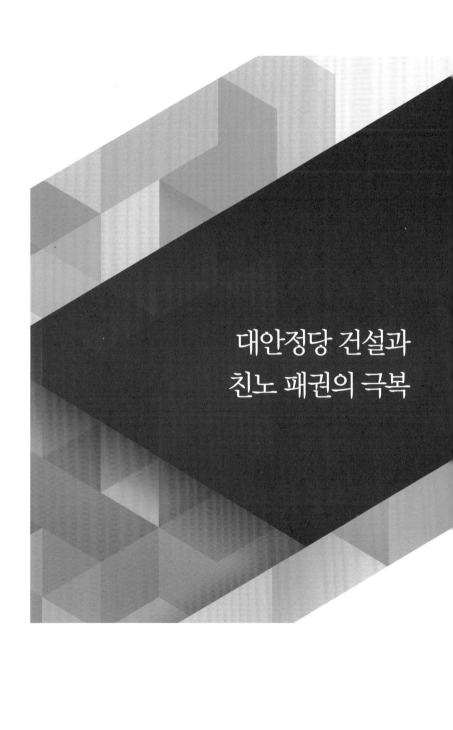

대안정당 건설과
친노 패권의 극복

대안정당 건설과
친노 패권의 극복

　　2015년 11월 5일 서울시의회 의원회관 2층 대회의실에서 '대안정당 건설과 친노 패권의 극복'이라는 주제로 토론회를 가졌습니다. 윤석규 개혁적국민정당 기획위원이 〈천정배 신당의 추진 원칙과 현황〉에 대해서 그리고 주동식 지역평등시민연대 대표가 〈대안정당 건설과 친노 패권의 극복〉에 대해서 발표했습니다.

　　아래는 주동식 대표의 발표 내용입니다.

새정치연합의 진짜 문제는 무엇인가

　　대안정당 건설의 필요성이 제기된 것은 제1야당인 새정치연합의 문제점 때문입니다. 새정치연합의 문제점으로 계파 갈등이 주로 거론됩니다. 하지만 어느 조직이나 운영 방향을 둘러싼 이견은 존재합니다. 정당의 경우 눈에 보이지 않는 정치 노선을 실천하는 조직이기 때문에 노선 차이는 반드시 발생할 뿐만 아니라 바람직한 것이기도 합니다. 노선 차이가 없는 정당은 죽은 정당이라고 봐야 할 것입니다.

중요한 것은 그 갈등이 조직의 문제점을 정확하게 드러내고 있는가 하는 점입니다. 겉으로 드러난 갈등이 조직의 문제점과 그것을 극복하는 방향을 정확하게 드러내지 못할 경우 그 갈등은 밥그릇 싸움으로 추락합니다. 현재 새정치연합의 친노와 비노 간 갈등이 전형적인 밥그릇 싸움의 모습입니다. 친노 패권이 문제라면서도 그 친노 패권의 어떤 점이 문제인지 정확하게 말하지 못하기 때문에 국민들 눈에는 그저 내년 총선에서 공천을 보장받기 위한 집단 떼쓰기 정도로 비춰지는 것입니다.

새정치연합 계파 갈등이 문제라고?

저는 새정치연합의 진짜 문제점은 정당에 반드시 필요한 두 가지가 없는 것이라고 봅니다. 신상필벌과 실사구시가 그것입니다. 친노 패권이 문제가 되는 것은 그들이 이 문제에 직접적인 책임이 있고, 그들이 새정치연합에 남아 있는 한 그 문제가 해결될 가능성이 전무하기 때문입니다.

신상필벌의 부재란 공을 세운 사람이 그만한 대가를 받지 못하고 반대로 능력도 공도 없는 사람이 높은 지위에 오르는 것을 말합니다. 대표적인 사례가 문재인입니다. 요즘 현대판 음서제 얘기가 많지만 대한민국 정계에서 문재인이야말로 전무후무한 음서제의 사례입니다.

정치적 경륜이 전혀 검증되지 않은데다 소속 정당에 대한 충성심조차 의심스러운 문재인이 전직 대통령과의 개인적 인연만으로 국회의원이 되고 대통령 후보가 된 데 이어 대통령 선거 패배에 대한 책임도 지지 않고 제1야당 대표 자리에 올랐습니다. 문재인의 무능과 특권에 대해서 비판의 목소리가 거세도 문재인은 끄떡도 하지 않습니다.

반면 70, 80년대부터 김대중 따라다니며 고생해 온 고참 당원들은 자리에서 쫓겨나고 그 자리를 김영삼 추종했거나 심지어 한나라당 기웃거리던 친노들이 차지하고 있다고 합니다. 이 당료들이 무능한데다 공무원 수준으로 복지부동이어서 당 하부 조직이 뿌리부터 무너지고 있다는 얘기를 과거 민주당 관계자들로부터 들었습니다. 최근 새정치연합이 각종 선거에서 연전연패하는 것은 이런 하부 조직의 붕괴도 영향을 끼치고 있는 것으로 보입니다.

이런 신상필벌의 부재는 공직 선거의 공천에서 가장 적나라하게 드러납니다. 친노 세력이 민주당을 장악한 이후 선거 때마다 친노 편향 공천이라는 비난이 들끓었습니다. 한명숙 대표 시절의 '노이사' 공천이 유명하지만 지난해 7.30 재보궐 선거의 순천 곡성, 올해 4.29 재보궐 선거의 관악을 공천도 원칙을 깨뜨린 불공정 공천, 친노 꽂아넣기 공천이라는 비난을 받았습니다. 결국 이 지역구에서는 모두 새누리당 후보가 당선됐습니다.

이런 불공정 공천을 정당화하는 수단이 모바일 투표, 네트워크 투표입니다. 인터넷과 모바일, SNS 등은 첨단 기술을 동원한 공천의 선진화처럼 보이지만 그 핵심은 정당의 주인인 당원의 권리를 빼앗아 정당 밖의 외부 세력에게 넘기는 것입니다. 비유하자면 주식회사의 CEO를 주주가 아닌 시장조사나 여론조사로 선임하는 것이나 마찬가지입니다. 그런 회사는 주주들이 투자할 이유가 없고 결국 망합니다. 새정치연합의 현실이 그것을 잘 보여주고 있습니다.

새정치연합이 공천 등 중요한 결정에서 당의 주인인 당원을 배제한다는 것은 사실 더 중요한 의미를 갖고 있습니다. 새정치연합 당원의 주력은 호남 또는 호남 출신 유권자들입니다. 새정치연합 친노들이 이런저런 명분을 대면서 당원의 권리를 축소하는 것은 사실 당의 의사 결정에서 호남의 목소리를 최대한 배제하겠다는 의도에 다름 아닙니다.

신상필벌과 실사구시 부재가 진짜 문제

최근의 중요한 당내 투표에서 당원들의 의견과 외부 세력의 의견이 첨예하게 갈렸다는 것, 친노 세력이 당원이 아닌 외부 세력의 지지에 힘입어 투표에서 승리해 왔다는 것은 현재 당내 갈등이 근본적으로 친노와 호남의 대립에서 기인한다는 것, 그 갈등이 일시적인 미봉책으로는 해결 불가능하다는 것을 보여주고 있습니다. 이 당에서 1인 1표, 다수결 등 최소한의 민주주의 원칙조차 지켜지지 않는 원인도 바로 친노 패권의 탐욕과 횡포 때문입니다.

모바일 투표, 네트워크 투표, 오픈 프라이머리 주장 등은 정당의 성격에 대한 매우 중대한 왜곡을 담고 있습니다. 정당은 정치적 견해와 이해 관계의 동질성에 따라 모인 집단입니다. 대한민국 국민이라고 해서 다 같은 정당원이 될 수도 없고 되어서도 안 됩니다. 같은 국민 안에서도 정치적 색깔이 다른 사람들로 나뉘어서 그들이 서로 다른 정책과 노선으로 경쟁해서 결과적으로 국가 발전에 도움이 되어야 합니다. 이것이 정당의 존재 이유입니다.

하지만 친노 세력은 깨어 있는 시민, 네티즌 참여라는 거짓된 명분으로 정당 정치의 근본을 부인하고 있습니다. 당원에게 결정권이 없으면 아무리 선거에서 실패해도 지도부에 책임을 물을 수 없습니다. 친노 세력이 수없이 선거에 패배해도 책임을 물어 갈아치울 수 없는 이유가 여기에 있습니다.

신상필벌이 새정치연합 내부의 정의에 관한 문제라면 실사구시는 대외적인 경쟁력의 문제입니다. 이 나라의 먹고사는 문제를 어떻게 해결할 것인지 대안을 제시해 광범위한 유권자 대중의 지지를 얻는 능력입니다. 친노 세력은 본질적으로 관념적이고, 생산력 증대에 적대적입니다. 이것은 이들이 우리나라 좌파 진영의 제도권 대리인(Agent)이기 때문에 발생하는 현상입니다.

새정치연합이 입법 및 정책 추진 과정에서 반기업, 반시장 사고 방식을 드러내는 일은 너무 흔합니다. 노동 개혁에 반대하는 새정치연합의 입장은 흔히 노동귀족이라고 불리는 상위 10% 대기업 및 공공 분야 노동자들의 이익만 옹호하는 것입니다. 새정치연합의 정책이 노동 시장의 유연화를 반대하고 큰 정부를 지향하는 좌파적 입장과 궤를 같이한다는 사실을 부인할 수는 없을 것입니다.

새정치연합의 정책은 공무원의 숫자를 늘리고 그들의 권한을 키우고 민간 부문의 활력을 죽여서 경제 발전을 가로막는 결과로 이어지게 됩니다. 기업들의 투자를 가로막아서 산업 경쟁력을 약화시키고 일자리를 줄이는 역할을 하고 있습니다. 비정규직 문제를 해결한다면서 결국 비정규직의 비참한 처지를 더욱 악화시키는 결과를 낳고 있습니다.

호남, 친노 세력에 사망 선고를 내리다

최근 역사 교과서 국정화로 민심이 박근혜 정권에서 이반하는 현상이 나타나고 있지만, 돌아선 민심이 새정치연합을 지지하는 일은 나타나지 않았습니다. 10.28 재보궐 선거의 결과가 그 점을 명백하게 보여줍니다. 호남 지역을 포함한 대한민국 유권자들은 새누리당이 잘못해도 그들을 비판할지언정 그 반대 급부로 새정치연합을 지지하지는 않겠다고 선언한 것입니다. 이 선언에 담긴 메시지를 신당 추진 세력들은 심각하게, 무겁게 받아들여야 합니다. 이 메시지는 두 가지로 정리할 수 있습니다.

첫째, 유권자들은 새정치연합에 대해서 사망 선고를 내렸다는 점입니다. 이것은 새정치연합을 주도해 온 친노 세력에 대한 사망 선고입니다. 앞으로 잘하라는 채찍질이 아닙니다. 눈앞에서 사라지고 다시 나타나지 말라는 명령입니다. 새정치연합이 정치적 생명을 회복할 가능성이 없지는 않습니다만, 적어도 문재인과 친노 세력이 현재처럼 당을 틀어쥐고 있는 한 그 가능성은 제로에 수

럼한다고 봅니다.

둘째, 어설픈 도덕주의자 시늉은 역겹다, 먹고사는 문제를 우선시하라는 것입니다. 지난 대선에서 문재인이 내건 '사람이 먼저다'라는 슬로건이 이 어설픈 도덕주의를 잘 보여줍니다. 얼핏 보면 인간적이고 따뜻해 보이는 저 슬로건은 친노 세력 특유의 비합리성, 감성팔이, 관념적인 세계관을 드러내고 있습니다.

정치가 도덕적 지향을 갖는다는 것을 부인할 수는 없지만 그것을 추구하는 방식은 현실 문제에 대한 합리적이고 과학적인 접근이어야 합니다. 친노 세력 등 우리나라 진보 좌파 진영에는 어설프게 종교인이나 철학자 흉내를 내는 사람들이 너무 많습니다. 그렇다고 그들이 현실에서 도덕적인 삶을 사느냐 하면 그것도 아니잖습니까? 노무현이 자살한 이유가 뭡니까? 가족과 측근들 비리를 덮어주려는 것 아니었습니까? 한명숙이 스스로 결백하다고 우기고 친노 세력은 그걸 옹호하지만 손바닥으로 해를 가리려는 수작입니다.

새정치연합이 선거에 패하고 진보의 위기가 거론될 때마다 '기울어진 운동장론'이 등장합니다. 우리나라 정치·경제·사회·문화·언론의 구조가 새누리당과 보수 진영에 유리하게 돼있기 때문에, 즉 선수들이 뛰는 운동장이 애초부터 한쪽으로 기울어져 있기 때문에 공정한 게임이 될 수 없다는 것입니다. 이 메시지의 다른 버전으로 '국민 개새끼론'이 있습니다. 국민들이 멍청하고 쓰레기들이어서 고상하고 유능한 진보를 지지하지 않고 타락한 보수 세력을 지지한다는 얘기입니다.

저는 오히려 이 '기울어진 운동장론'이야말로 진보 진영이 선거에서 연전연패하는 원흉이라고 봅니다. 1987년 이전이라면 '기울어진 운동장론'이 유효할수도 있습니다만 지금은 아닙니다. 진보 언론도 다수 등장하고 대한민국 건국이래 진보적이고 개혁적인 이념에 가장 우호적이었던 86세대가 사회의 중추 역할을 하고 있습니다. 인터넷과 모바일, SNS로 얼마든지 개혁적이고 진보적인 메시지를 전파할 수 있습니다.

문제는 그 메시지들이 대중을 설득하지 못하고 있다는 점입니다. 운동장이 기울어진 게 아니라 운동장에서 뛰는 플레이어들의 수준이 후져빠진 것입니다. 허접한 실력을 변명하느라 운동장이 기울어졌다는 궤변을 늘어놓고 있는 겁니다. 보수 진영의 인프라 장악력이 더 강했던 시대에도 진보의 메시지는 호응을 얻었고 집권과 나아가 집권 연장이 가능했는데 지금은 왜 그게 불가능할까요? 오히려 인터넷과 모바일, SNS로 대중들이 보수와 진보 두 진영의 메시지와 실체를 보다 더 잘 이해하고 비교하게 된 것이 기울어진 운동장이라는 결과를 낳은 것 아닐까요?

기울어진 것은 운동장 아닌 '실력'

인정할 것은 인정해야 합니다. 운동장이 기울어진 게 아니고, 실력이 딸리는 겁니다. 호남 문제도 마찬가지입니다. 호남에 기반한 정당이 선거에서 패배하는 게 호남 인구가 영남보다 적기 때문인가요? 그건 표면만을 본 분석입니다. 영남도 전체 인구의 35% 수준입니다. 중요한 것은 영남도 호남도 아닌 다른 지역의 유권자들에게 영남이 내세우는 명분과 논리가 더 설득력이 있었다는 사실입니다. 과거에는 총칼을 앞세운 공포 분위기가 그들의 선택을 좌우했다고 말할 수도 있지만 이제 그런 변명은 통하지 않습니다.

호남과 진보 개혁 진영은 이제 변해야 합니다. 그 변화를 가로막고 있는 게 친노 패권입니다. 그래서 대안정당은 무엇보다 먼저 친노 패권의 문제를 집중적으로 거론하고, 대안을 제시해야 합니다. 이런 얘기를 하면 "너 새누리당 지지자냐?"고 물어보는 분들이 계십니다. 저는 호남이 친노 세력의 숙주 노릇을 하기보다 선택지를 다양화한다는 측면에서 새누리당을 지지하는 것도 가능하다고 봅니다만 새누리당 지지자는 아닙니다. 이유는 간단합니다. 새누리당이 영남 패권의 포로가 되어 있는 한 저는 새누리당을 지지할 수 없습니다.

박정희 정권 이래 영남은 경제 개발과 산업화에서 주도적인 역할을 했고, 현재 영남의 정치·경제·사회·문화적 영향력은 그 반대 급부이기도 합니다. 하지만 그 과정에서 발생한 부작용이 분명히 있습니다. 영남 지방에 자원을 특혜 투입해서 발전하다 보니 지역 불균형과 함께 영남이 이너서클화 하는 문제가 발생했습니다. 이 문제를 해결하기 위해서는 영남이 특권을 내려놓고 다른 지역과 함께 가는 노력을 시작해야 합니다. 하지만 현실은 정반대입니다.

해마다 새해 예산안을 확정할 때가 되면 영남 지역 특혜 시비가 일어납니다. 이런 일이 한두 해도 아니고 박정희 집권 이래 반 세기 이상 지속됐습니다. 이런 특혜의 누적이 어떤 결과를 낳았을까요? 저는 현재 대한민국의 부와 권력의 80~90% 가량이 영남에 편중돼 있다고 봅니다. 단적으로 말해서 대한민국은 영남의, 영남에 의한, 영남을 위한 나라입니다.

더욱 심각한 것은 영남이 패권을 유지하는 방식입니다. 그것은 바로 왕따 작전입니다. 영남 패권의 저항 기지 역할을 해온 호남을 악마화하고 소외시키는 혐오 조장 전략을 동원한 것입니다. 어느 나라나 지역 감정이 있고 특정 민족과 지역을 폄하하는 문화가 있지만, 우리나라에서 호남에 대한 혐오감은 그렇게 간단하게 규정할 수 없습니다. 권력의 요구가 개입돼 있기 때문에 쉽게 해결될 수 없고 시간이 갈수록 혐오 메시지가 악랄해지고 잔인해지고 있습니다.

이 전략은 '악마의 유혹'입니다. 매우 달콤하고 강력한 효과를 발휘하지만 그 후유증은 어마어마합니다. 알량한 기득권을 지키기 위해 민족과 국가의 미래를 팔아넘기는 행위입니다. 영남이 자랑해 온 경제 개발과 산업화의 업적이란 것도 이 거대한 후폭풍 앞에서는 모래성처럼 허물어질 것입니다.

영남의 논리와 명분이 호남보다 우월했다, 그래서 다른 지역의 지지를 얻어낼 수 있다고 앞에서 얘기했습니다. 간단히 말해서 한국 자본주의의 생산력 발전, 먹고사는 문제, 부국강병의 길이라는 점에서 영남이 더 설득력이 있었다는 얘기입니다. 하지만 이것도 바뀌고 있습니다. 영남 패권은 이제 한국 자본주의 발전의 주력이 아니라 걸림돌이 되고 있습니다.

한국의 부패는 영남 패권의 결과

전세계 그리고 아시아권 국가 중에서도 한국의 부정부패가 매우 심각하다는 것은 잘 알려져 있습니다. 부정부패는 감시와 견제 기능이 사라질 때 기승을 부립니다. 그런데 한국이 근대화의 세례를 받지 못한 후진국이어서 감시와 견제 시스템을 만들지 못한 것일까요? 그래서 한국의 부정부패가 심각한 것입니까? 그게 아니라는 것은 저도 알고 여러분도 알고 하늘도 알고 땅도 압니다.

아무리 첨단 감시 시스템을 만들고 견제 관리 감독기관을 만들어도 결국 일은 사람이 합니다. 감시하고 견제할 사람이 감시와 견제의 대상과 결탁한다면 천하에 없는 시스템을 만들어도 무용지물입니다. 한국의 국가 시스템은 심각한 연고주의에 의해 오염된 상태입니다. 서로 봐주고 눈감아주고 밀어주고 끌어주고 당겨주고 빨아주고 핥아줍니다. 누가? 영남세력이. 누구를? 영남세력을.

우리나라에서 연고를 따질 때 학연·혈연·지연 세 가지를 얘기합니다만, 이 세 가지는 하나입니다. 같은 고장에 친척들이 어울려 살고, 학교 동창을 만나기 때문입니다. 한국의 연고주의는 결국 지연이라는 형태로 완성됩니다. 영남 패권이 한국을 지배할 수 있는 것도 영남이라는 지연을 통해 광범위한 대중을 하나의 이익 공동체로 묶어 세울 수 있기 때문입니다.

이 지역 패권은 한국의 발전을 가로막는 장애물이 되고 있습니다. 사회적 혁신과 진화를 모색하는 분들이 다양한 대안을 제기하지만 그 대안이 실현되기 위해서는 한 가지 전제가 충족되어야 합니다. 영남 패권이라는 거대한 기득권 카르텔이 무너져야 한다는 것입니다. 이 조건이 충족되지 않으면 어떤 개혁이나 변화도 도로아미타불, 원점 회귀가 됩니다.

현 정권이 말하는 규제 개혁은 한국 자본주의의 관점에서 절실한 요구입니다. 하지만 현 정권이 추진하는 규제 개혁은 실패할 수밖에 없습니다. 규제 개혁은 결국 공무원 권한을 축소하는 것입니다. 현재의 공무원 시스템은 영남 세력에 의해 장악돼 있습니다. 저들이 자신의 손발을 스스로 자를 수 있습니까? 불가능합니다. 현 정권은 자신들의 지지 기반인 영남의 기득권에 손을 댈 수 없습니다.

한국의 자본은 영남 패권과 이해 공동체였지만 이제 그 관계는 변화하고 있습니다. 규제 개혁부터 남북 평화의 정착에 이르기까지 영남 패권의 기득권은 한국 자본주의의 발전을 가로막고 있습니다. 한국의 경제가 한 걸음 더 나아가려면 영남 패권과의 결별이 필수적입니다. 이 점에서 호남과 진보 개혁 진영의 과제도 변해야 합니다. 영남 패권과 한국 자본주의를 분리해내고, 한국의 새로운 발전 전략과 방법론, 로드맵을 제시해야 합니다.

호남의 명분 도둑질하는 친노 패권

이런 과제를 해내기 위해서는 호남의 정당성과 명분 흔히 소프트파워라고 말하는 부분이 필요합니다. 친노 패권을 척결해야 할 이유는 여기에서도 찾을 수 있습니다. 친노 세력은 호남의 정치적 자산을 도둑질하고 김대중과 호남 정치를 폄하하지 않으면 독자적인 생존이 불가능한 정치 집단입니다.

보통 권위주의 타파가 노무현의 업적이라고 말합니다. 하지만 대한민국 정치의 권위주의는 87년 체제로 무너졌습니다. 노태우 김영삼 정권도 권위주의라고 하기는 어렵습니다. 노무현은 권위주의 대신 권위를 무너뜨렸습니다. 권위주의와 권위는 다릅니다. 친노 세력은 이 점을 왜곡하고 있습니다.

권위주의란 어떤 일을 권위에 맹목적으로 의지하여 해결하려는 행동 양식이나 사상을 말합니다. 미신의 일종입니다. 반면 권위란 어느 개인 · 조직(또는 제도) · 관념이 사회 구성원들에게 널리 인정되는 영향력을 지닐 경우, 그 영향력을 가리키는 표현입니다. 즉, 권위는 우리 사회에서 소중하게 여겨야 할 가치 또는 자산입니다.

보수 세력이 반 세기 넘게 대한민국의 운영을 주도했기 때문에 민주 개혁 진영은 거기에 대항하는 권위를 만들기 어려웠습니다. 민주 진보 진영에서 국가적으로 인정받을 수 있는 권위라면 김대중과 호남의 민주화 투쟁이 대표적입니다. 노벨평화상과 5.18투쟁이 그 상징입니다. 하지만 노무현과 친노 세력은 민주 진보 진영의 자산인 김대중과 호남의 권위를 깎아내리고 폄하하고 모함하는 데 주력했습니다.

호남 거물 정치인을 구태, 무능, 토호로 몰아 공천 배제하거나, 당선 불가능한 지역에 출마를 강요했습니다. 원조 친노인 천정배와 정동영조차 당을 떠났다는 것은 친노가 주장하는 정치 개혁의 목표가 사실은 호남 세력 말살이라는 것을 보여주는 증거입니다.

친노 세력이 부패 구태 세력이라고 비난하는 한화갑 한광옥 김경재 등 동교동계 정치인들이 지금 기준으로 보면 투명하지 못한 부분이 있었던 것이 사실입니다. 하지만 당시의 사회상이나 정치 현실을 고려하지 않고 현재와 똑같은 기준으로 비난하는 것은 말이 안 됩니다. 70년대에는 김대중을 지지한다는 사실만 알려져도 패가망신한 기업인들, 당원들이 꽤 있었다고 합니다. 그런데 그 시대에 지금과 같은 기준으로 투명하게 정치를 하고 정치 헌금을 받을 수 있었 겠습니까?

다당제는 영남 패권 극복 이후에 가능

정치인은 유권자의 심부름꾼입니다. 당연히 정당과 정치인, 정치 세력은 자 신을 지지해준 유권자들을 두려워하고 그들의 이익을 위해 최선을 다해야 합 니다. 하지만 친노 세력은 호남 유권자들을 위협하고 호남 유권자들은 친노 세 력의 눈치를 봅니다. 우리 속담에 올챙이한테 뭐 물린다고 합니다만 호남이야 말로 한 줌도 안 되는 친노 세력 올챙이한테 뭐를 물려서 질질 끌려다니는 꼬 락서니입니다.

친노 세력의 호남 죽이기는 성공적이었습니다. 바로 그 성공이 지금 야당을 죽이고 선거에서 연전연패하도록 만든 것입니다. 민주 개혁 진영의 가장 강력 한 무기를 정파의 이익 때문에 훼손한 당연한 귀결입니다. 호남 정치를 복원하 고, 정상화해야 하는 이유가 여기에 있다고 봅니다. 호남 한풀이가 아니라 대한 민국 민주 개혁 진영을 되살리고 대한민국 정치를 정상화하는 첫걸음이라고 보 는 것입니다.

정리하겠습니다. 친노 세력이 새정치연합을 장악하고 있는 한 이 당의 개선 가능성은 없습니다. 신상필벌과 실사구시가 불가능합니다. 최소한의 당내 민 주주의도 기대할 수 없습니다. 새누리당과 한국 자본주의의 동맹 관계에 균열 이 가고 한국의 발전이 영남 패권 때문에 가로막혀 있는 이 때, 호남과 민주 진 보 개혁 진영은 과거의 낡은 좌파적 윤리와 도그마를 버리고 먹고사는 문제를 해결하는 부국강병의 대안을 제시할 수 있어야 합니다. 대안정당을 건설해야 할 이유가 이것입니다. 이것은 호남의 한풀이가 아니고, 대한민국 역사와 정치에서 새로운 리더십을 형성하는 첫 출발이라고 봅니다.

　아울러 대안정당 논의와 관련해서 빼놓을 수 없는 이슈인 양당제와 다당제에 대해서도 말씀드리겠습니다. 다당제가 보다 건강한 정치를 나타내는 바로미터라는 것은 사실입니다. 하지만 우리나라 상황에서 다당제는 정치 개혁의 수단이 아니라 그 결과물이라고 봅니다. 영남 패권이 대한민국의 권력을 장악하고, 호남이 거기에 저항하는 대립 구도에서는 제3의 정치세력이 존재할 여지가 없습니다. 제3정당이 존립해서 건강하게 활동할 수 있는 다당제 환경은 영남 패권이 극복된 이후에나 만들어질 수 있을 것이라고 봅니다.

2015년 11월 5일

친노 패권 극복의
일곱 기둥

친노 패권 극복의
일곱 기둥

이 글은 2015년 8월 20일 전주종합운동장 여성일자리 센터 강당에서 '호남과 친노의 관계 그리고 대안정당의 건설'이라는 주제로 가진 강연회 중 2부의 내용입니다. 1부 '호남과 친노의 관계' 부분은 다른 원고와 겹치는 부분이 많아서 빼고 2부만 싣습니다.

대안정당 어떻게 건설할 것인가

새정치연합이 변화하려면 당내에서 민주적인 의사 결정이 이루어져야 합니다. 민주적인 의사 결정이 이루어지지 않으니 지도부를 엄정하게 평가할 수도 없고 선거에서 패배해도 책임지는 사람이 없습니다. 오히려 열심히 표를 준 죄밖에 없는 호남 책임론이 나옵니다. 지난해 선거 패배 후 서울시 당원 행사에서는 중앙당 여성 당직자가 "우리 당은 호남에서 좀더 멀어져야 한다"는 얘기를 공개적으로 하기도 하더군요.

내부의 변화가 불가능하다면 외부에서 새로운 정당, 대안정당을 만들어 새정치연합을 대체해야 합니다. 중요한 것은 어떤 정당을, 어떤 방식으로 건설할 것인가 하는 점입니다.

첫째, 대안정당은 친노 세력 타도라는 목표를 분명히 내세워야 합니다. 호남의 정치적 변화는 친노 세력에 대한 거부에서 출발합니다. 호남 유권자들의 이 요구를 얼렁뚱땅 넘겨서는 안 됩니다. 대안정당이 호남에서 적당히 친노와 공존하려는 태도를 보이면 호남은 다시 친노의 수중에 들어갑니다. 그 결과는 호남의 정치적 노예 현상이 가속화되는 것입니다.

다당제를 추구하시는 분이 많습니다. 물론 다당제는 중요한 정치적 목표입니다. 하지만 다당제는 정치 개혁의 결과이지 그 수단이나 방법이 아닙니다. 대한민국에서 영남 패권이 사라지지 않는 한 다당제는 실현되지 않습니다. 대한민국의 모든 권력을 영남 패권이 독점하고 호남이 거기에 대항하는 대립 구도에서 어떻게 제3의 정치 세력이 살아남을 수 있습니까? 그럴 수 없고, 그래서도 안 됩니다. 친노 세력이 제2당으로 남도록 방치하고, 대안정당이 제3의 정치 세력으로 살아남을 수 있을까요? 대한민국의 정치 자산은 단 두 개뿐이라는 점 때문에 그것은 불가능합니다. 친노와 호남이 함께 갈 수 없는 것처럼, 대안정당과 친노는 양립할 수 없습니다.

저는 천정배 신당이 성공하기를 바라지만 우려하는 점이 많습니다. 천정배 의원은 과거 민주당 분당 당시의 정치적 인식이 그다지 바뀌지 않은 것 같습니다. 동교동계 정치인들보다 친노 정치인들이 더 청렴하고 참신하다고 생각합니다. 이건 사실도 아니지만 지금 현실적인 대립 구도가 흘러간 동교동 인물 대 친노의 그것이 아니라는 사실을 망각하고 있습니다. 천정배 자신 그리고 주위 인물들이 친노 성향을 극복하지 못한다면 그 당은 반드시 실패합니다.

엊그제 발표된 전남 지역 여론조사를 보면 내년 총선에서 호남 신당보다 새 정치연합을 지지하겠다는 의견이 훨씬 높게 나옵니다. 저는 이런 현상에 대해 천정배 신당이 호남 신당이라는 비난을 정면 돌파하지 못하고 스스로 전국 정당이라는 족쇄를 벗어나지 못한 탓이라고 봅니다.

둘째, 호남 정당이라는 평가, 호남 자민련이라는 소리를 두려워하면 안 됩니다. 지금 천정배를 포함해 호남 정치인 누구라도 신당을 만들 경우 무조건 호남 정당이라는 평가를 받게 돼 있습니다. 괜찮은 영남 정치인을 영입하면 달라질까요? 아닙니다. 결국 그들이 싫어하는 것은 호남이 독자적인 정치 세력화하는 것이기 때문입니다. 호남이 계속 친노 세력, 나아가 영남 패권 세력의 노예로 남아야 하기 때문입니다.

호남 정당이라는 비난과 비아냥을 극복하는 유일한 길은 그 당을 기정사실화하는 것뿐입니다. 김대중의 정치 역정을 생각해 봅시다. 김대중이 한번이라도 호남의 꼬리표를 뗀 적이 있었나요? 정치인이라면 이걸 극복해야지 도망쳐서는 안 됩니다. 호남 정당이라는 비난에 정면으로 대응할 용기도 없는 정치인은 그냥 생계형 정치 월급쟁이일 뿐입니다. 정치하면 안 됩니다.

호남 정당이라는 비아냥과 비난을 이겨내는 방법이 있습니다. 간단합니다. 정치적 공격의 초점을 친노 세력에게 맞추십시오. 모든 화력을 동원해야 합니다. 지금 호남 정당, 호남 정치가 비아냥의 대상이 되는 것은 이 정당이 무엇을 목표로 하는지, 누구를 극복하겠다는 것인지 분명하지 않기 때문입니다. 논란의 초점을 '호남'이 아닌 '친노'로 옮겨가야 합니다. 친노의 정당성을 무너뜨려야 왜 호남당이 필요한지 설득할 수 있습니다. 그것이 호남 정당의 명분입니다.

호남 정당을 비난하는 목소리만 들리는 것 같습니다. 당연합니다. 제도 언론을 포함해 시끄러운 빅마우스들이 대부분 친노 성향입니다. 하지만 친노를 싫어하는 사람들, 특히 호남 유권자들은 지금 침묵합니다. 그들이 떳떳하게 발언할 수 있도록 분위기를 만드는 것이 대안정당의 역할입니다.

셋째, 당원 중심의 정당이어야 합니다. 정당 민주화의 핵심이 당원 중심의 정당입니다. 오픈프라이머리가 논란이 되고 있습니다만 본질적으로 모바일 투표, 여론조사, 네트워크 정당론 등과 같은 맥락에서 나오는 얘기입니다. 당원의 권리를 축소하고 당 외부 사람들에게 당의 중요한 결정을 맡기겠다는 것입니다. 이것은 정당 내부의 지지도나 헌신성, 심지어 정통성에 문제가 있는 사람들이 당의 대통령 후보나 당 대표가 되는 길을 열어주게 됩니다.

문재인이 가장 대표적이고, 지난번 서울시장 재보궐 선거 당시 박원순도 마찬가지입니다. 새정치연합의 모바일 투표, 인터넷 투표 등에 참여하는 사람들은 김대중이나 민주당을 지지하지 않았고 심지어 적대적이었던 사람들이 많습니다. 친노 세력이 민주당에 들어온 이후 중요한 당내 선거에서 당원들의 뜻과 여론조사의 결과가 극명하게 갈렸던 것이 이것을 잘 보여줍니다.

정당은 국민들 사이에서도 계급과 지역, 정치적 신념에 따라 지향하는 노선과 정책이 다르다는 전제 위에서 만들어진 특정 정치 세력의 조직입니다. 따라서 정당의 주인은 당연히 당원이어야 합니다. 친노 세력이 모바일 투표, 네트워크 정당을 강조하는 것은 사실 당원의 발언권을 축소하겠다는 것이고 보다 근본적으로는 호남 유권자들의 의사 결정 참여를 배제하겠다는 의도입니다.

당원이 주인이 아닌 정당에서는 소수의 실력자들끼리 담합해서 중요한 결정을 하게 됩니다. 공천 과정의 잡음이 이것 때문에 나오는 것입니다. 대안정당은 공천권을 포함해서 당의 모든 중요한 결정권을 당원에게 귀속시켜야 한다고 봅니다.

진성 당원이 드문 우리나라 실정에서 이것은 탁상공론일 수도 있습니다. 하지만 현실을 이유로 근본적인 변화를 포기하면 개혁은 불가능합니다. 당비 제대로 내고 최소한의 교육 등 당의 활동에 참여하는 것을 당원의 자격 기준으로 정해 엄격하게 적용해야 합니다. 당비도 매월 1만 원 이상이어야 대납 시비가 사라집니다. 당은 어차피 광범위한 대중이 아니라 뜻을 같이하는 사람들이 모인 조직입니다. 동원 대상이 아니라 대중을 동원할 수 있는 의지와 역량을 갖춘 사람들이 당원이라는 겁니다. 그렇다면 당원의 정예화는 당이 생존 발전하기 위한 필수조건입니다.

넷째, 새로운 정치 세력은 계약형 정치를 추구해야 합니다. 정치에서 가장 일반적인 계약은 공약입니다. 정치인이 이러저러한 정책을 실현하겠다는 약속을 하고, 유권자들은 그 약속을 평가해서 지지 여부를 결정하는 것입니다. 하지만 우리나라의 공약은 투표가 끝나면 말 그대로 빌 공 자 공약空約으로 그치는 경우가 많아 신뢰성이 떨어집니다. 더 근본적인 한계는 정당이나 정치인이 제시하는 공약을 유권자들이 수동적으로 받아들이기만 할 뿐 유권자나 정치집단이 적극적으로 정당이나 정치인에게 이런저런 조건을 내걸고 지지를 약속하는 행동이 부족하다는 겁니다.

제가 지역평등시민연대 활동을 하면서 새삼 느낀 것은 호남 안에서도 전북이 상대적으로 더 소외에 시달린다는 점이었습니다. 전남에 대해 피해의식을 느끼시는 분들도 적지 않습니다. 이 문제는 단순히 호남 문제가 해결되면 전북도 좋아지니까 아무 소리 말고 따라오라는 식의 접근으로는 풀리지 않습니다.

저는 전북을 포함한 호남의 유권자들과 정치 그룹들도 다른 정치 세력들에게 일종의 계약서를 들이밀어야 한다고 봅니다. 전북의 이런저런 현안을 어떻게 해결할 것인지 답을 달라, 그 대답을 보고서 지지 여부를 결정하겠다, 이런 접근이 필요하다는 겁니다.

천정배 의원이 4.29 재보궐 선거를 앞두고 새정치연합을 탈당했을 때 언론과 지지자들이 모인 자리에서 제가 질문을 했습니다. 첫째, 당선되고 나면 새정치연합으로 복당할 것이라는 우려가 있는데 여기에 대해 책임 있는 답변을 해주면 좋겠다. 둘째, 새정치연합은 표는 호남에서 얻으면서 호남의 고통은 외면하고 있다. 호남 정치 복원을 내건 입장에서 국회에 들어가면 심각한 호남 혐오 발언에 대해 법적 제재 장치를 마련해 달라.

다행히 천 의원은 두 가지 질문에 제가 원하는 답변을 해주셨습니다. 근본적인 정치 변화를 위해 탈당했기 때문에 새정치연합 복귀는 없다, 그리고 양심과 사상, 언론의 자유에 위배되지 않는 선에서 혐오 발언에 대한 법적 제재 장치를 마련하겠다는 약속을 하시더군요.

사소한 사례이지만 저는 이런 식의 계약 관계가 우리나라의 정치 집단과 정치인, 유권자 사이에서 보다 강화되어야 한다고 봅니다. 전북 정치도 마찬가지입니다. 제가 전북 정치를 생각하면 떠오르는 사안이 정동영 의장의 거취입니다. 저는 정 의장의 4.29 재보궐 선거 출마 강요가 정동영을 죽이는 길이라고 공개적으로 발언했습니다.

그 이유는 내년 총선에서 천정배와 정동영이 손을 잡지 않으면 친노 세력이 또아리 틀고 있는 새정치연합을 극복하기 어렵다고 봤기 때문이었습니다. 호남의 소중한 정치적 자산인 정동영과 천정배가 전북과 전남에서 쌍두마차로 나아가야 정치적 파괴력을 극대화할 수 있다고 본 것입니다. 천정배고 정동영이고 단기필마로는 그 위력이 3분의 1이나 4분의 1 이하로 떨어집니다.

이런 구상은 아직 유효합니다. 호남은 친노의 횡포 때문에 인재풀이 너무 약해진 상태입니다. 전북의 정치적 자산인 정동영 의장을 살려내야 합니다. 여러분이 나서서 천정배와 정동영이 손을 잡도록 조직적인 압력을 넣고 새로운 정치 세력의 형성에 기여할 필요가 있습니다. 이런 것이 적극적인 계약 정치의 사례가 되지 않을까 생각해 봅니다.

다섯째, 친노 비판을 넘어서 노무현을 직접 공격해야 합니다. 저에게도 친노만 공격하고 노무현은 건드리지 말라고 충고해 주시는 분들이 많습니다.

하지만 한번 생각해 봅시다. 노무현이 신성불가침의 존재입니까? 또는 대통령으로서 뭔가 특별한 업적을 남겼습니까? 제가 친노 성향의 사람들 만날 때마다 물어보는 게 있습니다. 도대체 노무현이 잘한 게 뭐냐고, 하나라도 있으면 얘기해 보라고 말합니다. 하지만 제대로 대답하는 사람을 보지 못했습니다.

그저 맨날 그립습니다, 눈물이 납니다, 내 마음속의 유일한 대통령입니다, 이런 감성 충만한 신앙 고백뿐입니다. 종교 생활을 하고 싶으면 교회나 성당, 사찰 하다못해 용하다는 무당집이라도 찾아갈 것이지 왜 대한민국 5천만 국민과 민족의 미래를 놓고 현실적인 문제를 고민하는 정치판에 와서 깨어 있으라느니 노짱 아니면 전부 가짜라느니 하는 소리를 늘어놓는 겁니까?

임기 말이던 2006년 12월 당시 노무현의 지지율은 5.7%로 IMF 당시 김영삼보다도 낮았습니다. 자살 직전에는 유시민이나 문재인 같은 측근들조차 노무현과 거리를 두었습니다. 하지만 노무현의 자살 이후 노무현은 예수 그리스도나 석가모니 같은 신앙의 대상이 됐습니다. 그 사이에 뭐가 변했을까요?

변한 것은 딱하나 노무현이 죽었다는 것뿐입니다. 노무현이 대한 독립을 위해 일제와 싸우다가 장렬하게 전사했나요? 아니잖습니까? 노무현의 가족과 친인척, 똘마니들의 부정부패와 수뢰 혐의 등으로 검찰 수사를 받다가 스스로 죽음을 선택한 것 아닙니까? 이게 자랑스러운 죽음입니까? 실은 전세계 정치 지도자 가운데 가장 수치스러운 죽음의 하나 아닙니까?

저는 노무현이 잘한 게 하나도 없지만 그 중에서도 가장 잘못한 것이 자살한 것이라고 생각합니다. 역사의 폐족으로 사라졌어야 할 친노 세력이 그의 죽음을 계기로 부활했습니다. 노무현은 아예 평가의 대상에서 벗어난 존재가 됐습니다. 친노 세력이 객관적인 평가와 비판을 피해 가는 가장 강력한 무기가 노무현의 죽음입니다.

친노 세력은 아무리 선거에서 패배하고 엉터리 삽질을 해도 책임을 지지 않고 물러나지도 않습니다. 친노 세력만이 유일한 대안이라는 겁니다. 그러한 논리를 만들어내는 가장 강력한 근거가 바로 노무현의 죽음이 갖는 추모 정서와 상징성입니다. 이것은 더 이상 용납할 수 없는 횡포입니다.

사람들이 그나마 노무현의 업적이라고 내세우는 게 권위주의를 타파했다는 겁니다. 이거 말도 안 되는 얘기입니다. 대한민국 정치의 권위주의는 87년 체제로 무너졌습니다. 노태우·김영삼 정권도 권위주의 정권이라고 말하기 어렵습니다. 게다가 김대중 정권이 권위주의 정권이었습니까? 노무현은 권위주의 대신 권위를 무너뜨렸습니다. 권위주의와 권위는 다릅니다. 친노 세력은 이 점을 왜곡하고 있습니다.

권위주의란 어떤 일을 권위에 맹목적으로 의지하여 해결하려는 행동 양식이나 사상을 말합니다. 미신의 일종입니다. 이런 기준으로 보자면 대한민국 정치에 암적인 후유증만 남긴 노무현을 무조건 추종하는 친노 세력의 행동이야말로 권위주의의 가장 좋은 사례일 것입니다.

반면 권위란 어느 개인이나 조직(또는 제도), 관념이 사회에서 일정한 역할을 하고 사회 구성원들에게 널리 인정되는 영향력을 지닐 경우, 그 영향력을 가리키는 표현입니다. 즉, 권위는 우리 사회에서 소중하게 여겨야 할 가치 또는 자산입니다. 이것이 잘못 활용되면 권위주의가 될 수도 있지만 권위 자체가 부정적인 가치는 아닙니다.

우리나라 민주 진보 개혁 진영은 국가나 사회 전체에서 인정받는 권위가 매우 부족합니다. 박정희 정권 이래 반세기 넘게 보수 세력이 대한민국의 운영을 좌우해 왔기 때문에 민주 진보 진영에서는 거기에 대항해 영향력을 행사할 권위를 만들기 어려웠습니다.

민주 진보 진영에서 사회적으로 인정받을 수 있는 권위라면 김대중과 호남의 민주화 투쟁이 대표적입니다. 김대중의 노벨평화상과 80년 광주민주항쟁이 그것을 상징합니다. 하지만 노무현과 친노 세력은 민주 진보 진영의 가장 소중한 자산인 김대중과 호남의 권위를 깎아내리고 훼손하고 폄하하고 모함하는 데 주력했습니다.

호남 정치인을 구태, 무능, 토호로 몰아 호남 다선 의원을 공천 배제하거나, 당선 불가능한 지역에 출마를 강요했습니다. 원조 친노인 천정배와 정동영조차 당을 떠났다는 것은 친노가 주장하는 정치 개혁의 목표가 사실은 호남 세력 말살이라는 것을 보여주는 단적인 증거입니다.

정치인은 유권자의 도구이자 심부름꾼입니다. 유권자의 권리를 잠시 정치인과 정당에게 맡겨서 일을 시키는 것입니다. 일을 잘하면 계속 임무를 맡기겠지만 제대로 못 하거나 게으름을 피우면 그 자격을 빼앗아 다른 정당이나 정치인에게 넘겨야 합니다. 당연히 정당과 정치인, 정치 세력은 자신을 지지해 준 유권자들을 두려워하고 그들의 이익을 위해 최선을 다해야 합니다. 하지만 친노 세력은 호남 유권자들을 위협하고 호남 유권자들은 친노 세력의 눈치를 봅니다. 이게 말이 됩니까?

어떤 기준으로 봐도 노무현과 친노 세력은 실패한 정치인이자 정치 세력입니다. 하지만 친노 세력은 자신들이 호남을 위해 일하는 게 아니고 마치 호남 유권자들이 노무현과 친노 세력을 위해 존재해야 하는 것처럼 행동합니다. 호남이 노무현과 친노들의 신민臣民입니까? 앞에서도 얘기했지만 우리 속담에 올챙이한테 뭐 물린다고 합니다만 호남이야말로 한 줌도 안 되는 친노 세력 올챙이들한테 뭐를 물려서 질질 끌려다니는 꼬락서니입니다.

개나 고양이를 키우시는 분들은 '애완동물에게 누가 주인인지 확실히 가르쳐 줘야 한다'고 말합니다. 그렇게 하지 않으면 개나 고양이가 주인 행세를 하고 사람이 애완동물 집사 노릇을 하게 된답니다. 애완동물한테야 그럴 수 있습니다. 그래봐야 좀 피곤한 정도입니다. 하지만 유권자들이 정치 세력한테 끌려다니기 시작하면 그 피해는 애완동물 집사 수준이 아닙니다. 호남 사람들 모두가 말 그대로 특정 지역 이류 육두품들의 노예가 되는 것입니다.

하루 이틀 그러는 게 아니고 여러분들만 그렇게 사는 게 아니고 앞으로 여러분 자식들 손자들 자손 대대로 그 노예 노릇을 하게 된다는 얘기입니다. 제 말이 과장 같습니까? 그렇지 않습니다. 호의를 계속 베풀면 그걸 권리로 생각한다는 말이 있죠? 지금 친노가 그렇게 하고 있습니다.

친노 너희들이 잘 못하니까 이제 다른 대안을 찾겠다고 하니까 반성은커녕 길길이 날뛰면서 호남의 위기라느니 하면서 협박하는 것 보십시오. 정치 세력을 잘못 길들이면 앞으로도 계속 그렇게 가게 됩니다. 호남이 지금까지 친노를 용납해온 세월도 너무 길었습니다. 바꾸지 않으면 안 됩니다.

아직도 노무현을 아끼고 존경하고 그리워하는 호남 사람들 많습니다. 하지만 중요한 것은 현재의 숫자가 아니라 추세입니다. 제가 호남 사람들 만나서 노무현을 직설적으로 비판하면 많은 분들이 혼란스러워 합니다. 이것은 변화를 예고하는 신호입니다.

활동가나 지식인보다 평범한 직장인과 자영업자들이 훨씬 쉽게 제 주장을 이해합니다. 운동을 하신다는 분들, 민중을 앞서가신다는 분들이 민중보다 뒤처지는 경우를 자주 봅니다. 노무현에 대한 인식도 마찬가지입니다. 노무현은 신성불가침도 아니고 불사신도 아닙니다. 무엇보다 그는 철저하게 실패한 대통령이었습니다. 이것은 누구나 인정할 수밖에 없는 진실입니다. 진실은 힘이 셉니다. 그 사실을 믿지 않으면 정치도, 사회 활동도 할 수 없습니다.

노무현을 빼고 친노 세력만 공격할 경우 어떤 결과가 생길까요? 그건 밑 빠진 독에 물 붓기입니다. 문재인이 당 대표에서 물러나고 다음 대선 후보로 못 나오면 친노가 사라질까요? 어림도 없습니다. 대타가 얼마든지 대기하고 있습니다. 박원순 안희정 안철수 등이 모두 친노의 대리인이 될 수 있습니다. 결국 노무현의 영향력을 직접 타격하는 것만이 가장 빠르고 근본적인 해결책이라는 것을 분명히 인식해야 합니다.

여섯째, 좌파 정치 세력과 절연해야 합니다. 호남은 우리나라의 주류 세력들로부터 소외와 차별을 겪어 왔기 때문에 정치 · 경제 · 사회 · 문화적인 대안을 추구하는 경향이 있습니다. 하지만, 그 대안은 현재의 체제보다 더 진보적이고 미래지향적인 것이어야지 과거로의 회귀가 되어서는 안 된다고 봅니다. 안타까운 것은 호남이 추구해 온 대안이란 것이 자본주의적 근대화 이전 단계인 봉건적인 것에 민족주의적 껍데기를 덧입힌 경우가 많다는 겁니다.

이런 문제점을 단적으로 드러내는 것이 호남의 반기업 · 반시장 정서입니다. 호남의 진보적 지식인들이 하는 얘기 들어 보면 패배주의를 정신 승리로 자위

하는 느낌을 많이 받습니다. 황금 보기를 돌 보듯 하라는 얘기더군요. 호남 사람들은 밥도 안 먹고 이슬 먹고 구름똥 싸면서 살아야 합니까?

호남의 가장 큰 문제는 경제입니다. 가난하니까 사람이 줄어들고 사람이 적으니 정치적인 영향력도 쪼그라듭니다. 정치적인 영향력이 없어지니 가난을 벗어날 길도 좁아집니다. 악순환의 연속입니다. 문화와 예술의 고향? 그거 언제적 얘기입니까? 농경사회의 유산이 남아 있던 시절의 전설입니다. 요즘 날리는 지식인 예술인 가운데 호남 출신들은 급격히 줄어들고 있습니다.

대안정치 세력이라면 이 문제를 해결할 대안을 제시해야 합니다. 과감하게 호남 지역의 무분규 선언이라도 해야 한다고 봅니다. 물론 이런 얘기 하면 우리나라 좌파들이 입에 게거품 물면서 비난할 겁니다. 하지만 그들은 이 문제에 발언할 자격이 없습니다. 그들이 호남의 소외, 차별, 비참한 현실에 대해 발언하고 싸워 준 적 있습니까? 전혀 없습니다.

제가 좌파들에게 지역차별 문제를 얘기하면 그들은 늘 "그런 문제는 지역이 아니라 계급으로 풀어야 한다"고 하더군요. 계급적 분석이 과학적이라는 거죠. 그런데 그 계급 문제는 언제쯤 해결된다는 건지, 계급 문제 해결될 때까지 호남은 그냥 맞아죽고 굶어죽고 욕먹어 배 터져 죽으라는 건지 대답이 없습니다. 그뿐만이 아닙니다. 여성, 다문화 가정, 장애인 문제 등도 계급 문제가 아닌데 왜 좌파들은 그 문제에 대해서는 목청을 높이는지도 알 수가 없습니다.

우리나라 좌파는 본인들이 의식하건 못 하건 영남 패권의 유지 강화에 기여하고 있습니다. 지역 차별 문제를 외면하고 심지어 발언조차 적대시하는 태도가 그것입니다. 좌파와 친노는 사실상 영남 패권의 동맹군입니다. 호남, 이제 좌파와 갈라서야 합니다.

일곱째, 마무리로 하나 더 강조하고 싶습니다. 호남은 여러분이 생각하는 것처럼 약자나 소수가 아닙니다. 영남 패권이 막강한 현실에서 호남은 절대적인 소수 약자처럼 느껴질 겁니다. 하지만 따져봅시다. 영남 인구가 많다고 하지만 그 사람들 35% 내외입니다. 40% 못 넘깁니다. 게다가 영남 인구에는 적잖은 호남 출신 또는 다른 지역 출신들이 섞여 있습니다. 호남 지역 인구 500만에 전국 각지에 흩어져 있는 인구가 1천만, 합해서 1,500만 명 가량이 호남 정체성을 갖고 있습니다. 5천만 인구에서 1,500만 명이 그렇게 소수입니까?

호남이 철저한 소수로 소외되는 것은 영남 패권이 내세우는 논리가 다른 지역 사람들의 행동이나 선택에 결정적인 영향력을 행사하고 있기 때문입니다. 그 영향력을 유지하기 위해 김영삼이 삼당합당을 했고, 노무현이 대북 송금 특검에, 민주당 분당에, 대연정 제안을 한 것 아닙니까? 호남이 이를 벗어나려면 호남 사람들 스스로 영남 패권이 주입한 패배의식과 자기 비하, 자기 검열을 벗어나야 합니다.

호남이 영향력을 회복하려면 세 가지 측면의 연대가 이루어져야 합니다. 첫째 호남 현지에 거주하시는 분들과 출향민으로서 수도권이나 영남, 전국 각지에 계시는 분들의 연대, 둘째 과거 민주화 세대와 그 기억이 희미해져 가는 2세대 내지는 3세대의 결합, 셋째 호남 출신 엘리트와 오피니언 리더 그리고 일반 민중, 유권자들의 제휴가 그것입니다.

호남의 정치 지도자들이나 시민사회 활동가들, 청년들이 친노 세력의 눈에 들어 공천을 받고 연줄을 찾아가려는 태도는 심각한 문제입니다. 그러니 한 줌도 안 되는 친노 세력이 호남을 무시하고 머슴 부리듯 하는 겁니다. 바꾸어야 합니다. 호남이 선택하면 대한민국의 정치가 바뀝니다. 친노 세력에게 표를 주지 않으면 됩니다. 내년 총선에서 새정치연합 후보 또는 노무현이나 친노와 가까운 후보에게 표를 주지 않고 모조리 떨어트리면 됩니다. 친노 세력에 대한 거부를 행동으로 보여줘야 합니다. 호남과 친노는 결코 같이 갈 수 없습니다.

지금부터 시작해야 합니다. 호남 현지 그리고 서울과 수도권의 호남 사람들이 일치단결해야 합니다. 친구, 친인척 등 아는 분들에게 얘기하셔야 합니다. 누구 찍으라는 얘기도 필요 없습니다. 내년 총선은 누구를 뽑느냐가 아니라 누구를 떨어뜨리느냐가 핵심 이슈입니다. 친노 세력을 이 나라 민주 진보 개혁 진영에서 완전히 몰아내는 그 날까지는 그래야 합니다. 호남이 결단하면 선거 혁명이 이루어집니다.

지금은 천하대란의 시기입니다. 뚜렷한 리더십이 보이지 않습니다. 이런 상황에서는 시대가 요구하는 과제를 가장 철저하게 지혜롭게 수행하는 분들이 리더십을 갖게 됩니다. 지금 이 시대, 호남과 대한민국이 요구하는 과제가 친노의 척결이라고 저는 확신합니다. 그것이 바로 선거 혁명입니다. 여기 오신 분들이 그 선거 혁명의 밀알과 주역이 되어주셨으면 합니다. 부족하지만 저도 힘을 보태겠습니다.

긴 시간 들어주셔서 감사합니다.

호남 한풀이 아닌
새 시대 여는 주역 역할

호남 한풀이 아닌
새 시대 여는 주역 역할

이 기사는 2015년 4월 11일 온라인 시사잡지 〈시사엔〉
의 초대로 대담을 나눈 것입니다.

■대담 및 정리 : **시사엔 윤준식 기자**

사 회 : 최근 호남 정치가 화제가 되고 있다. 특히 4.29 재보궐 선거에서 정동
영 천정배 등의 움직임이 관심을 끌고 있다. 지금 상황에서 왜 호남 정치를 얘기
해야 한다고 보는가?

주동식 : '호남 정치'가 호남의 한풀이나 호남만의 권익 찾기를 의미하는 것
은 결코 아니다. 호남이 소외되고 저주와 증오, 왕따의 대상이 되며 호남의 정
치적 선택이 말도 안 되는 비하의 대상이 되고 있다. 이런 현상이 대한민국 정
치의 정상화 나아가 대한민국의 선진화와 발전을 가로막는 요소라고 보기 때
문에 호남 정치의 정당한 위상 찾기를 얘기하는 것이다. 즉, 호남과 호남 정치

에 대한 비하를 통해서 불의한 정치적 목적을 달성하는 세력에 대한 항의와 반대의 의미를 갖는다.

정동영, 천정배 등이 새정치연합을 뛰쳐나와 독자적인 움직임을 시작한 것 그리고 다양한 정치 세력이 대안정당을 추진하면서 호남의 가능성을 강조하는 것은 호남 정치가 더 이상 침묵의 묵계 안에 갇혀있을 수 없다는 증거이다. 호남 정치는 60년대 이후 현실적으로 대한민국의 주류 정치, 즉 영남 패권에 대응하는 가장 강력한 대안 세력으로 기능해 왔다.

문제는 그동안 호남의 지지를 받아온 정치 세력들이 정작 호남 정치의 가치와 위상을 전적으로 부인하고 있다는 점이다. 이런 행동은 정의롭지도 않고 무엇보다 현실 정치의 왜곡 현상을 초래한다. 호남이 상징하고 있는 가치를 엉뚱한 세력, 즉 친노 세력이 대표하고 있다는 것이 문제이다. 이것은 근대 시민사회의 가장 중요한 가치인 참정권을 본질적으로 부인하는 현상이다.

왜 호남은 제1야당의 가장 강력하고 오랜 지지 세력이면서 정작 당대표나 대선 후보를 내세울 수 없는가? 이것은 본질적으로 호남의 이해 관계를 반영하고 있지 않은 친노 세력이 호남의 정치적 대표성을 장악하고 있기 때문에 나타나는 현상이다. 호남 정치는 이런 점에서 현재의 뒤틀리고 왜곡된 정치 구조를 바로잡는다는, 비정상의 정상화라는 의미로 이해해야 한다.

사　회 : 우리나라에서 지역 문제 특히 호남의 문제를 얘기할 때마다 지역주의라는 비판이 따라온다. 이런 점에서 호남 정치도 지역주의라는 비판에서 자유로울 것 같지 않다. 이 점에 대해서는 어떻게 생각하는가?

주동식 : 현실적으로 대한민국 정치의 구조는 정치와 경제, 사회 등 모든 분야의 주류인 영남 패권과 거기에 저항하는 의미로서의 호남 정치로 구성돼 있

다. 이러한 현실을 부정하는 것은 호남 정치의 당연한 발언을 부인하고 억압하는 일종의 침묵의 카르텔, 침묵의 묵계를 통해서 발현되는 폭력이라고 본다. 이러한 침묵의 묵계는 진보적 지식인이라고 해서 예외가 아니다.

지역평등시민연대도 지역 차별 의제가 우리나라에서 담론의 시민권을 얻는 문제를 꾸준히 제기해 왔다. 우리나라 지식인들은 다양한 소수자의 권익을 인정하면서도 정작 대한민국 정치의 가장 큰 대안세력이자 억압받는 당사자인 호남의 발언권은 봉쇄하는 경향이 있다. 지역 문제를 얘기하면 바로 지역주의자로 몰리곤 한다. 강도를 신고하는 사람이 강도가 되고, 불이야 외치는 자가 방화범이 되는 뒤틀린 구조이다.

호남의 침묵 강요하는 양비론 극복해야

이것은 전형적인 양비론이다. 지역 문제에 침묵하는 것 자체가 그 지역 구도에서 가장 큰 혜택을 보고 있는 영남 패권주의의 이익에 복무하는 것이다. 이러한 왜곡된 양비론의 대표적인 사례가 김대중 전 대통령에 대한 평가이다.

김대중이 지역 차별의 피해자이자 수혜자라고 보는 관점이 그것이다. 이해를 돕기 위해 비유를 동원해 보자. 몇 백억 대 재산을 상속받을 수 있는 부잣집 장남이 음모에 걸려 길거리로 쫓겨났다고 하자. 장남은 고생 끝에 길거리 몇십 명 거지패들의 두목이 됐다. 그러자 그 장남을 쫓아낸 패거리들이 그에게 "집에서 쫓겨난 덕분에 거지패 두목이 됐으니 너는 억울한 피해자이지만 동시에 수혜자"라고 말한다. 이게 과연 정당하다고 보는가?

사　회 : 현실적으로 존재해 왔던 호남 정치가 새로운 정치적 주제로 새삼스럽게 거론되는 이유는 새정치민주연합으로는 호남의 정치적 요구를 담아낼 수 없다고 판단하기 때문일 것이다. 이 문제에 대해서 어떻게 보는가?

주동식 : 호남이 새정치연합을 지지하는 이유는 간단하다. 호남의 요구를 해결해 달라는 요구인 것이다. 호남은 경제적인 낙후, 공공과 민간 분야의 심각한 인사 차별, 그리고 사회 전반의 인종주의적 혐오 등 세 가지 질곡을 안고 있다. 호남의 지지를 받는 정당이라면 이 문제의 해결을 위해 적극적으로 나서야 한다. 하지만 새정치연합은 이 문제에 대해 관심도 해결 의지도 없다. 이런 세력에게 호남이 계속 표를 주고 호남 문제의 해결을 기대해야 하는가? 그렇지 않다. 이런 정치 세력이 호남을 대표하고 호남의 정치적 상징 자산을 독점하기 때문에 호남 문제의 해결이 요원해지는 것이다.

또 당내 민주주의 문제를 지적할 수밖에 없다. 새정치연합 당원들 모임에서도 "새정치연합은 형식적 절차적 민주주의 측면에서도 오히려 새누리당에 뒤진다"는 평가가 나온다. 최근 2.8전당대회에서도 선거 직전에 특정 계파 즉 친노에게 유리하게 경선 룰을 바꾸지 않았는가. 지난번 대선 후보 경선에서도 모바일 경선 등 데이터를 공개하지 않고 없애 버리기도 했다. 이것은 부정 선거를 통해서 중요한 의사 결정이 이뤄지고 있다는 얘기이다. 이런 정당이 어떻게 호남의 정치적 요구를 담아낼 수 있는가. 이런 정당에서는 당원이나 유권자의 요구나 의도가 왜곡될 수밖에 없다.

새정치연합이 여론조사나 모바일 경선 등을 강조하는 것은 결과적으로 당의 중심인 당원의 뜻보다는 민주당을 지지하지도 않는 외부의 의견을 당의 중요한 의사 결정(대선·총선 후보 공천 등)에 반영하겠다는 속셈이다. 그리고 여기에는 더욱 심각한 함의가 숨어 있다. 새정치연합의 당원들은 사실상 압도적으로 호남 거주자 또는 호남 출신이 많다. 새정치연합이 여론조사나 모바일 경선을 강조하는 것은 실제로는 호남 유권자, 그리고 호남 출신 유권자에 대한 배제를 의미한다. 이것만 봐도 새정치연합의 주류인 친노 세력이 호남을 바라보는 인식과 태도를 읽을 수 있다.

당원의 뜻보다 국민 일반의 뜻을 반영하면 좋지 않느냐는 의견도 있다. 하지만 이것은 정당의 존재 의의에 대한 기본적인 오해와 무지에서 나오는 의견이다. 정당이란 같은 국민들 사이에서도 정치 경제적인 이해 관계가 다른 집단이 존재한다는 전제 위에서 성립한다. 즉, 새정치연합을 지지하는 국민과 새누리당을 지지하는 국민의 이해 관계가 다르다. 이것을 인정하는 것이 정당 정치이다. 결국 새정치연합이 모바일 경선이나 여론조사를 강조하는 것은 자신들의 당원, 특히 호남 유권자들의 요구를 정당의 의사 결정에 반영하지 않겠다는 선언이다. 새정치연합은 호남의 정치적 요구를 담아낼 수 없는 정당이며 극언하자면 호남 유권자에 대한 사기를 통해 친노의 정치적 요구를 실현하는 정당이라고 할 수 있다. 양두구육羊頭狗肉이란 고사성어가 이 상황에 적절한 표현일 것이다.

사　회 : 호남 정치를 말하면 현실적으로 아무래도 영남의 문제를 거론할 수밖에 없다. 최근에는 영남 패권주의라는 표현이 점차 확산되는 느낌도 있다. 이 문제에 대해서 호남 정치를 추구하는 세력은 어떤 태도를 취해야 한다고 보는가?

주동식 : 호남 정치는 현실적으로 영남 패권에 대한 반대 세력으로서 존재한다. 사실 호남이 특별한 정치 세력으로 존재할 당위적 명분은 없다. 영남 패권이 권력을 재창출하고 유지하는 가장 손쉽고 효율적인 수단으로 호남에 대한 혐오감을 부추기고 재생산하기 때문에 호남의 의도와 무관하게 호남 정치가 객관적으로 요구되는 측면이 강하다. 호남 사람들이 원하지 않아도 호남 정치가 외적 상황에 의해 강요된 측면이 있다는 것이다. 이것은 사실 87년 체제의 부

산물이기도 하다.

　87년 체제 이전에는 군사독재가 폭력을 통해서 정권을 유지할 수 있었다. 하지만 직선제 개헌 이후에는 어떻게든 선거를 통해서 권력을 만들어야 했다. 이런 객관적 조건에서 조선일보 등 메이저 언론의 호남에 대한 혐오감, 김대중에 대한 적대감 조장이 강화됐다고 본다. 영남 패권의 왜곡된 요구에 의해 대한민국의 정치에서 호남 대 기타 지역이란 구도가 정착됐다. 사실상 이것은 호남을 포위하고 고립시키려는 영남 패권의 논리이자 요구이다. 결국 영남 패권이 소멸되지 않는 한, 영남 패권이 이 나라의 주류로 남아 있는 한 호남 정치는 계속 존재 의미를 가질 수밖에 없다. 이것은 호남의 선택에 따른 결과가 아니다. 영남 패권이 대한민국의 자원 배분을 독점하기 위해 자신에 도전하는 세력을 악마화해야 했고 그 대상으로 호남이 선택됐기 때문이다.

호남 후보로는 정권교체 불가능하다?

　여기에서 영남 일반인이 과연 영남 패권의 수혜자인가 여부가 중요한 문제가 된다. 우리나라의 지식인들은 영남 일반인들도 일종의 피해자라는 인식을 갖고 있다. 하지만 영남의 일반인들도 정도의 차이는 있을지언정 명백하게 영남 패권과 호남 차별 구조의 수혜자라는 성격을 갖는다. 그 가장 명백한 증거가 선거 결과이다. 이것은 진보 진영이 말하는 계급성보다 현실적으로 더 강한 행동 규정성을 갖는다. 영남 진보 벨트의 새누리당 지지 투표가 뭘 보여주는가?

　영남 지역에 대한 집중 투자로 주요 사업장이 들어섰고 그 사업장들은 지금 대부분 '신의 직장' 레벨이다. 울산 · 포항 · 거제 등 영남권 주요 산업지대의 1인당 GRDP는 대한민국 평균의 2~3배에 이른다. 이것은 인건비 상승과 땅값 상승으로 이어지고 그러한 초과이윤을 통해 자녀들에게 고급 교육을 시키고 해외 유학을 보내고 다시 이들은 공공과 민간 분야의 알짜 일자리를 차지한다. 뿐만 아니라 대통령을 정점으로 하는 핵심 권력구조에 위치한 영남 출신들이 여타 지역, 특히 호남 출신들을 배제하고 영남 출신 후배들을 집중적으로 키워주는 질서가 작동한다.

호남 출신 25%만 배제해도 나머지 75%는 인사에서 엄청나게 유리한 위치를 차지하게 된다. 이것은 영남 외에 다른 지역 출신들이 영남의 호남 차별을 암묵적으로 옹호하는 계기로 작용한다. 정부의 고위직 인사 때 영남 편중을 지적하면 '능력 본위로 인사를 하다 보니 이런 결과가 나왔다'고 변명한다. 이것은 결국 공무원 생활 초기부터 영남 출신들에게 알짜 보직을 경험하게 했다는 고백일 뿐이다. 공직 생활의 능력이란 것은 결국 얼마나 중요한 업무와 보직을 경험했느냐에 의해 결정적으로 좌우되기 때문이다.

영남 출신이 어마어마한 사회적인 이미지 지원을 받고 있다는 것은 TV나 라디오 등 대중문화·언론매체에서 경상도 사투리가 거의 제2의 표준말처럼 쓰이는 현상을 봐도 알 수 있다. 영남 유권자 일반을 적으로 돌릴 수는 없고 그래서도 안 되지만 적어도 그들이 대한민국 다른 지역에 비해서 어마어마한 특혜를 누리고 있다는 것, 그러한 특혜는 특히 호남에 대한 저주와 증오, 왕따 등 희생을 통해서 가능하다는 점, 이제 이러한 상황은 더 이상 유지할 수 없다는 것을 명백히 밝혀야 한다.

영남 유권자들도 특권을 내려놓고 호남을 포함한 다른 지역 사람들과 평등한 권리를 가져야 한다. 그들이 소프트랜딩을 받아들여야 한다는 것을 정직하게 얘기해야 한다. 영남이 특권을 누리는 구조는 지속 가능하지 않다. 이제 바꾸어야 한다. 그런 변화를 거부한다면 그것은 하드랜딩을 하자는 얘기이고 그것은 영남과 호남을 포함한 대한민국 모두의 손해로 귀결될 수밖에 없다. 이런 애기를 해야 한다. 그럴 용기가 없다면 호남 정치라는 애기를 꺼내서는 안 된다고 본다.

사 회 : 호남 정치는 그 자체로 정치 경제 사회적인 가치나 이념과 직접 연결돼 있다고 보기 어렵다. 호남 정치가 앞으로 지향해야 할 이념이나 가치관이 있다면?

주동식 : 호남 정치를 말한다고 해서 호남과 호남의 정치적 선택을 무조건 정당화하고 절대화해서는 안 된다. 호남도 변화해야 한다. 특히 호남을 기반으로 하는, 그것을 내세우는 정치 세력들이 반시장 정서, 반기업 정서에 심하게 매몰되어 있다는 느낌을 받는다. 좌파들이 호남을 만만한 텃밭 정도로 여기는 분위기도 있다. 워낙 오랜 세월 호남이 대한민국 주류, 즉 재벌이나 친미 세력에 의해 억압받았다는 역사적 배경과 경험이 호남 유권자들에게 그런 성향을 부추겨온 것도 사실이다.

하지만 시장과 기업을 부인해서는 대안이 없다. 호남만 손해를 볼 뿐이다. 대안 학교, 대체 의학 등 정치 경제 사회 문화적인 대안을 모색하는 것은 어쩔 수 없다고 해도 그것이 비과학적 관념론에 빠지는 것은 경계해야 한다. 리퍼트 대사 테러범 김기종의 사례처럼, 개량 한복 입고 꽁지머리 묶고 다니는 것을 무슨 대안 행동인 것처럼 여기는 성향이 호남 출신들 사이에서 좀더 강한 것 같다.

합리성과 과학, 경제 등 근대적 가치 수용해야

사람이 우선이라느니, 진정성이 중요하다느니 하는 친노 세력의 단골 레퍼토리가 사실은 '과학이나 합리성 따지지 말고 정신 승리하자'는 메시지를 감추고 있다. 노무현의 자살이 이런 문제를 결정적으로 악화시켰다. 정치 세력을 객관적이고 냉정한 평가의 대상이 아니라 종교적 숭배와 신앙의 대상으로 만들었다. 호남 정치가 대안으로 선택받을 합리성을 갖추려면 친노 세력으로 상징되는 비합리 비과학 비경제 등의 낡은 성향과 철저하게 결별해야 한다.

호남 정치는 경제적 생산력의 강화를 최우선 목표로 하고, 부국강병 위민이라는 가치를 받아들여야 한다. 사실상 강병은 위민이라는 가치를 포함한다. 그리고 남북대화와 한반도 평화체제 구축을 현재의 여야와 차별되는 정책 목표로 내세워야 한다. 우리나라 진보 진영이 87년 이후 내세웠던 주요 명제들은 대부분 파산 선고를 받았다고 본다. 대표적인 것이 노동 중심성이다. 노동자의 권익 자체를 부인해서는 안 되지만, 현재 진보 진영의 노동 중심성은 결국 대규모 사업장과 공공 분야 등 혜택 받은 조직 노동자(즉 노동 귀족)의 이익을 대변할 뿐이다. 이래서는 답이 없다.

자유주의적인 질서, 개인 중심의 질서, 사유재산 존중, 법치주의를 받아들여야 한다. 여전히 대한민국의 가장 중요한 과제는 근대화라고 본다. 내가 앞서 거론한 질서들이 바로 근대화의 정신을 이루는 핵심 가치들이다. 지금 대한민국을 옭아매는 질곡은 전근대적(프리모더니즘)인 것이지 모더니즘적인 문제가 아니다. 포스트모더니즘 얘기하는 사람들은 본인이 의식하건 아니건 지적 사기의 역할을 하고 있다고 본다. 다분히 퇴폐적이다.

사 회 : 현실적으로 호남 정치가 발전하고 궁극적으로 집권으로 가기 위한 로드맵은 어떤 것이라고 보는가?

주동식 : 새정치연합과 친노 세력에 반대하는 세력이 일단 뭉치고 조직화해야 한다. 정동영과 천정배의 선택은 그런 점에서 상당히 중요한 의미를 갖는다. 정동영과 천정배가 과거 민주당 분당과 열린우리당 창당의 주역이라는 점

에서 새로운 호남 정치의 주역이 될 수 있는가에 대해 의문을 제기하는 분들도 있다. 하지만 그것은 일종의 청산주의이다. 아이를 씻기고 대야의 물을 버린다면서 아이까지 버리는 우를 범해서는 안 된다. 지금 친노를 반대하는 사람들 가운데 과거 열렬한 친노 아니었던 사람이 몇이나 되나? 정치는 생물이고 현실적인 대안을 제시해야 한다.

대안정당을 만들어야 한다. 현재 호남의 정치적 자산을 독점하고 있는 새정치연합은 내부 혁신이 불가능한 구조를 갖고 있다. 문제는 대안정당을 새정치연합과 별개의 정치 세력인 제3의 정당으로 만들려는 인식이다. 말로는 대안정당을 한다고 하면서 실제로는 제3정당론을 추구하는 경향이 있다. 즉, 새누리당과 새정치연합이 아닌 제3의 영역에서 새로운 정치 세력을 만들려고 하는 시도이다.

결론적으로 말해서 그러한 시도는 실현 불가능하다. 과거 대한민국의 제3정당들이 어떤 결실을 맺었는지 살펴보면 이것이 명백해진다. 중요한 정치적 고비 때마다 등장했던 정주영, 박찬종, 이인제, 정몽준, 문국현 등이 지속적으로 정치적 대안의 역할을 할 수 있었나? 그렇지 않았다.

이들보다 정치적 이념과 실천이 뚜렷했던 진보정당들의 경우 개혁적 보수정당, 즉 민주당의 정치적 진퇴와 뚜렷한 동조현상을 나타냈다. 즉, 민주당이 선거에서 선전하면 이들 진보정당의 득표도 늘어나고 그 반대의 경우도 마찬가지였다는 것이다. 이것은 우리나라 유권자들이 현실적으로 선택 가능한 정치 세력으로 인식하는 정당이 새누리당과 새정치연합뿐이라는 것을 보여준다. 이런 점에서 대안정당은 제3의 정당이 아니라 새정치연합을 직접 대체하는 정당이어야 한다. 대안정당으로서 새정치연합과 대결하고 극복하는, 호남의 정치적 지지를 탈환하는 정당이어야 한다.

〈지역평등시민연대 의견서〉

남양공업 채용 공고
파문을 해부한다

남양공업 채용 공고
파문을 해부한다

　　최근 경기도 안산 소재 남양공업(대표 홍성종)이 인터넷
에 올린 채용 공고의 파문과 충격이 쉽게 가라앉지 않고 있습니다. 호남 본적
인 대한민국 국민을 외국인과 같은 범주로 묶어 채용 자체를 막은 내용도 21세
기 대한민국의 현실이라고는 믿기 힘들 만큼 악랄했던데다 사건의 경위에 대
한 남양공업의 해명에도 석연치 않은 구석이 남아 있기 때문입니다.

　　문제가 된 채용 공고는 그 자체로 불법입니다. 우리나라 고용정책기본법 제
7조에는 사업주가 근로자를 모집하고 채용할 때에 합리적인 이유 없이 △성별
△신앙 △연령 △학력 외에 출신 지역 등을 이유로 차별하는 것도 금지하고 있
습니다. 이런 점을 의식한 때문인지 남양공업은 채용 공고의 내용이 알려지고
여론이 분노하자 홍성종 대표이사 명의로 홈페이지에 사과문을 올리고 이 사
건이 외주업체의 단순한 실수에 의한 것이라고 해명했습니다.

　　이 업체가 한겨레신문 등의 보도에 밝힌 내용을 보면 외주업체의 젊은 신입
직원이 여러 업체의 모집 요강과 댓글 등을 살펴보고 내용을 정리해서 올리다

보니 문제가 됐던 '외국인·호남 본적 채용 금지'라는 부분이 포함됐다고 합니다. 하지만 이러한 해명으로는 의문이 풀리지 않습니다.

우선, 사원 채용의 실무 절차는 외주업체에 맡긴다고 하더라도 채용 대상의 자격 요건이라는 핵심 내용을 외주업체에 일임했다는 이야기는 우리나라의 일반적인 기업 분위기에 비춰 설득력이 없습니다. 게다가 이번에 채용 공고를 냈던 외주업체는 올해 10월 하순부터 남양공업과 거래를 시작한, 거래 실적이 겨우 한 달 정도에 불과한 업체입니다. 그런 업체에게 자기 회사 신입 사원 자격 요건 결정을 일임한다고요? 회사 생활을 해본 분들은 대부분 '믿기 어려운 얘기'라고 얘기합니다.

남양공업의 해명을 액면 그대로 받아들인다 해도 문제가 남습니다. 외주업체의 신입 직원은 여러 업체의 모집요강 내용 가운데 왜 하필이면 '외국인·호남 본적 지원 금지'라는 내용을 찾아내 올렸을까요? 해명이 사실이라면 남양공업 외에도 불특정 다수 기업들이 채용 공고에 '외국인·호남 본적 지원 금지'라는 내용을 올려왔다는 얘기입니다. 그런데 왜 지금까지 그런 채용 공고 내용을 문제 삼은 사람이 없었을까요? 혹시 이번 남양공업 사태 이전에 그런 채용 공고를 한 번이라도 보신 분 계십니까?

댓글 내용을 참조한 것이라고 할 수도 있지만 말이 안 됩니다. 특정 회사의 사원을 뽑는 자격요건을 정하는 데 그 회사와 아무 상관도 없는 사람들의 댓글 내용을 참조한다는 게 말이 되나요? 그냥 변명을 위한 변명처럼 느껴질 뿐입니다. 정말 그런 댓글 내용을 참조했다면 남양공업의 평소 분위기를 아는 외주업체가 '알아서' 그런 댓글을 찾아 반영했다고 봐야 하지 않겠습니까?

이런 의문을 단순한 트집이라고 치부하기 어려운 증거가 또 있습니다. 과거 남양기업을 지원했던 사람이 올린, 이 회사가 전라도 출신을 뽑지 않는다고 했다는 경험담이 인터넷에 올라와 있는 것입니다. 고객사의 분위기를 읽어야 하는 대행업체의 반응과 과거 남양공업에 지원했던 사람의 경험담 등을 종합해 보면, 이번 사건은 단순한 실수나 해프닝이라고 지나치기에는 너무나 심각한 배경을 깔고 있는 것 아닌가 하는 생각이 듭니다.

남양공업의 이번 채용 공고는 명백하게 불법적인 내용을 담고 있지만 현행법의 저촉 여부를 떠나 더 큰 문제를 안고 있습니다.

첫째, 본적이 전라도인 사람을 외국인으로 취급하고 있다는 사실입니다. 이 것이 설혹 실수라 해도 그 실수는 호남 출신들을 대한민국이 아닌 외국인으로 취급하려는 광범위한 사고방식의 일부가 표출된 결과라고 봐야 할 것입니다.

'본적 전라도'를 따지는 것은 고향이나 출생지만을 보는 것도 아니고 부모나 조부모가 호남인 사람까지도 가려내서 이 나라 국민의 자격을 뺏겠다는 얘기입니다. 조상이 전라도면 무조건 '홍어'라고 까대는 일베식 사고방식의 전형입니다. 호남 사람의 정체성을 혈통과 유전에서 따지겠다는 선언이며 명백하게 인종주의적 편견입니다. 저희 지역평등시민연대(지평련)가 문제를 제기해 온 '인종주의적 지역차별 및 혐오 발언'의 전형적인 사례라고 할 수 있을 것입니다.

둘째, 우리나라 다수의 대기업과 중견 기업들이 암암리에 호남 출신의 채용을 기피하고 있다는 항간의 소문이나 주장들이 단순한 의혹을 넘어 엄연한 현실이며, 그 가운데 극히 일부 사례가 이번에 수면 위로 드러난 사건일 수 있다는 점입니다.

지평련은 문제가 된 채용 공고문을 직접 올린 채용 대행업체나 담당 실무자의 책임을 묻는 것은 이 문제의 본질과는 거리가 먼 조치라고 생각합니다. 일시적인 분노의 해소보다 더욱 근본적으로 구조적인 문제를 해결하고 싶습니다. 이런 점에서 지평련은 이 사건의 당사자들을 포함해 이 문제에 관심을 가져 주셨으면 하는 분들에게 다음과 같이 요구합니다. 이것은 사건의 원인 규명과 재발 방지를 위한 조치라는 것을 밝혀 둡니다.

1. 정부

박근혜 정부가 지역간 화합을 중요한 국정 과제로 설정한 것에 대해 지평련은 긍정적으로 평가하며, 그러한 노력이 큰 성과를 거두게 되기를 진심으로 기원하고 응원합니다. 하지만, 온갖 분야의 거창한 구호성 해결책을 떠들기에 앞서 출신 지역에 따른 기업체 채용 금지가 공공연하게 거론되는, 상상을 초월하는 전근대적 인종주의에 대해서도 특별한 관심을 가져주기를 요구합니다.

출신 지역이나 인종주의적 기준에 따른 편견은 당사자가 아무리 개인적인 노력을 기울여도 차별의 굴레를 벗어날 수 없다는 점에서 그 어떤 사회적 병폐보다도 훨씬 악질적입니다. 법적인 장치를 피해 비공개적인 방식으로 영향력을 키우다가 결정적인 순간에 자신의 모습을 드러낸다는 점에서 치명적인 폐해를 낳기 쉽습니다. 정부가 이 문제를 강 건너 불처럼 수수방관하지 말고 문제의 시급성과 심각성을 인지하고 빨리 대책 마련에 나서 줄 것을 요청합니다.

2. 현대자동차

남양공업은 이번 채용 공고 내용을 자신들도 몰랐으며, 평소 호남 출신에 대한 차별은 없었다고 밝혔습니다. 하지만 이 회사가 밝힌 호남 출신 임직원의 숫자나 채용 공고 작성 경위 등은 말 그대로 사건 당사자의 주장일 뿐입니다. 객관적인 검증이 필요한 사안이라는 얘기입니다. 남양공업의 원청업체인 현대자동차가 이 문제에 관심을 가질 필요가 있지 않을까요?

채용 공고 내용대로 전라도 본적인 사람이 현대자동차 1차 협력업체에서 일

할 수 없다면, 현대자동차에서 생산한 자동차 제품도 전라도 본적인 사람에게는 판매하지 않겠다고 선언하는 게 논리적으로 일관된 태도일 겁니다. 현대자동차가 남양공업의 채용 공고 관련 내용을 사전에 알고 있었는지의 여부와 함께 협력업체를 선정하고 관리하는 자체 기준에 비추어 이번 사건을 어떻게 처리할 것인지 밝혀 주는 게 도의적이거나 사업적인 관점에서 합당하다고 봅니다.

3. 여야 정당

새누리당은 국정을 책임지는 여당이자 국회를 대표하는 과반수 정당임에도 수백 수천 만에 달하는 국민들이 실제적인 차별 행위 앞에 직면해 있고, 자칫 심각한 국민 분열과 갈등으로 비화될 수 있는 지역 차별 문제에 대하여 관심을 기울이고 있지 않습니다. 조속한 입장 표명과 함께 집권당으로서의 해결책을 제시하여 줄 것을 요구합니다. 혹시 호남 지역에서 새누리당에 대한 지지표가 부족하다 하여 모든 국민을 불편부당하게 대우해야 하는 공당의 의무를 망각하고 편파적으로 대한다면 준엄한 국민의 심판이 있을 것임을 분명히 알려드리고자 합니다.

새정치민주연합(새정치연합)은 국정에 직접 책임이 없는 야당일지라도 그 잘못은 새누리당보다 더 크고 막대하다 할 것입니다. 새정치연합은 호남 유권자와 호남 출신 유권자들의 절대적인 지지를 받고 있는 정당입니다. 하지만 이 정당은 남양공업 파문이 발생한 이후 이 사건에 대해 어떤 발언이나 의견도 내놓지 않고 있습니다. 하루에도 몇 건씩 발표하는 대변인 성명 등에서도 이 문제를 철저하게 외면합니다. 이 사실은 이 정당이 선거 때만 호남에 표 달라고 할 뿐 평상시에는 어떻게든 호남 정체성을 부인하고 싶어한다는 세간의 평가를 증명해 주는 또 하나의 사례라고 할 것입니다.

새정치연합 정치인들은 "지역 문제는 건드리면 건드릴수록 커지는 괴물과 같으니 모르는 척하는 게 상책"이라고 말하곤 합니다. 하지만 이 문제는 호남이나 새정치연합이 피한다고 해서 사라지는 것이 아니고 그냥 잠복하는 것도 아닙니다. 이 괴물은 누군가 자기를 건드려 주기를 기다리는 것이 아니라 스스로 끊임없이 도발해 덩치를 키우는 악마입니다. 새정치연합이 이 문제를 앞으로도 계속 외면할 경우 호남 유권자들 역시 새정치연합을 보다 구체적이고 적극적으로 외면하게 되리라는 점을 분명히 알려드리고자 합니다.

4. 양심적인 지식인과 시민들

일부 보수적인 단체와 시민들은 작금의 사태에 남양공업을 비호하고 오히려 피해자들인 호남인들을 공격하는 적반하장식의 대응을 보이고 있습니다. 그들의 몰상식과 가치 전도는 굳이 거론하기도 입이 아프고 더 보탤 필요가 없을 정도로 차고 넘칩니다.

그러나 지역 차별 문제에 관한 한 우리나라 진보적 지식인과 시민들에게 느끼는 아쉬운 점도 적지 않습니다.

우리나라의 진보적 지식인들은 지역 문제만 나오면 '계급 문제가 우선'이라는 교과서적 답변을 내놓는 경우가 많습니다. 계급의 현실적 표현이 매우 다양하게 변위되며, 그 변위는 각각의 특성에 맞추어 대응해야 한다는 것을 그 분들이 모르지 않을 것입니다. 계급적이지 않은 사안들에 대해 진보 진영이 적극적인 지지를 보내는 경우도 많습니다. 이런 점에서 지역 차별 문제에 대한 외면은 호남을 구태, 토호, 범죄 집단 정도로 치부하고 싶은 호남 혐오증의 또 다른 변형 아닌가 하는 의문을 갖게 됩니다.

호남 혐오는 우리나라 기득권층이 가장 쉽게 권력을 창출하고 유지할 수 있는 무기이며 그런 점에서 이 문제에 대한 진보 진영의 외면은 결과적으로 기득권층에 대한 항복 선언이자 적극적인 협조의 의미를 갖게 된다는 사실을 인식해야 한다고 봅니다. 양심적인 지식인들과 시민들이 이 문제에 대해 보다 적극적인 관심을 갖고 발언해 주시기를 간곡하게 호소합니다.

2014년 12월 7일

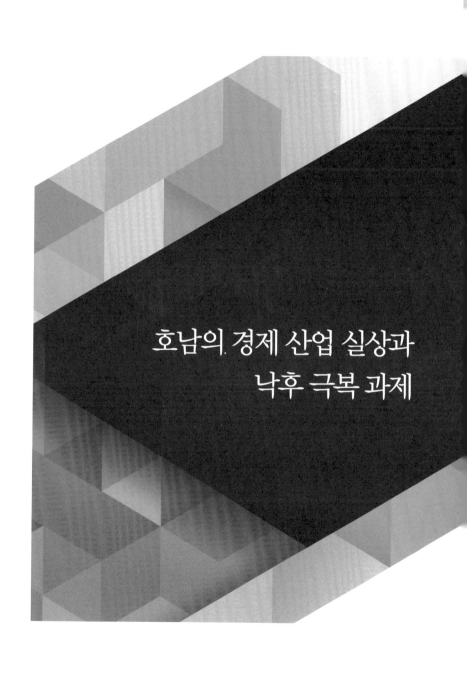

호남의 경제 산업 실상과
낙후 극복 과제

호남의 경제 산업 실상과
낙후 극복 과제

2015년 1월 29일 광주광역시에서 열린 '호남의 경제 산업 실상과 낙후 극복 과제' 토론회에 참석했던 소감을 정리한 글입니다.

천정배 전 장관이 호남 정치 복원을 내세우며 주관하는 호남 희망 찾기 제2차 토론회는 (사)동북아전략연구원 부설 호남의 희망, (재)향남문화재단, (사)지역미래연구원, (사)서남권균형발전연구소가 공동주최하고 CMB광주방송, 무등일보, DBS광주동아방송이 후원하는 행사였습니다.

함박눈과 빗물이 섞여 내리는 날씨에도 불구하고 백여 명 정도가 들어갈 것 같은 CMB광주방송 1층 강당이 꽉 차더군요. 행사의 호스트라고 할 수 있는 천정배 전 장관도 "일반인들이 골치 아파할 수 있는 경제 문제를 다루는데다 날씨까지 이래서 빈 자리가 많지 않을까 걱정"이라고 하더군요. 하지만 생각보다 참석자도 많았고, 토론과 질문으로 이어지는 분위기도 뜨거웠습니다. 발제와 토론을 맡으신 분들도 그 내공과 준비도에서 높은 수준을 보였다고 생각합니다.

천정배 장관은 인사말에서 "호남은 5.16 이후 산업화 과정에서 철저하게 배제됐다. 이 문제를 해결하기 위해 호남 스스로 발전 전략과 비전을 만들어 실천해야 한다. 현재 호남 지역의 예산 자립도가 너무 낮아서 중앙의 지원을 끌어올 수밖에 없다."며 "광주·전남의 연구·개발(R&D) 예산이 충남의 5분의 1, 경북의 4분의 1에 불과하다. 광주창조경제혁신센터의 비전이나, 광주에서 현대자동차 연산 100만 대 생산 계획 등에 큰 기대를 걸고 있다. 이것만 잘 된다면 정몽구 현대자동차 회장을 업어주고라도 싶다. 지역 균형 발전은 대한민국의 정의 실현이라는 점에서 당연한 요청이다."라고 강조했습니다.

이 날 발표와 토론에서는 호남의 경제 및 산업과 관련하여 희망적인 내용도 많았습니다. 광주의 자동차 100만 대 생산 도시화, 한전 등 혁신도시 이전 기관과의 상생형 산업 생태계 조성 가능성, 창조경제혁신센터 사업 추진, KTX 개통 등이 희망의 메시지라고 할 수 있겠지요. 하지만 삼성전자 세탁기와 냉장고 생산 라인의 해외 이전, 동부대우전자의 공장설비 해외 이전, KTX의 서대전 분기점 논란, 광역경제권 설정에서 지역 균형 발전을 외면하는 정책, 연구개발비 예산 배정의 소외 등은 그러한 희망에 드리워진 불안의 그림자라고 할 수 있을 것 같습니다.

이날 발제자나 토론자 그리고 참석자들 모두 호남의 미래에 대한 불안과 공포를 느끼면서도 의식적으로 희망의 가능성을 얘기하려 노력한다는 느낌을 받았습니다. 이렇게 느끼는 이유는 간단합니다. 희망의 메시지는 너무나 많은 전제조건(~이 충족된다면)을 깔고 있는 반면, 불안과 공포는 너무나 압도적이고 확연한 현실의 데이터에 근거하고 있기 때문입니다. 대표적인 지표 몇 가지만 살펴보겠습니다.

우선 취약한 재정력을 들 수 있습니다. 2013년 서울의 지방세 수입이 11조 7900억 원, 경기도가 6조 5100억 원, 인천이 2조 2200억 원입니다. TK와 PK를 합한 영남권이 8조 6500억 원, 충청권이 2조 7700억 원인 데 비해 호남권은 2조 4900억 원에 불과합니다. 한 발표자의 표현을 빌리자면 '지방교부세 아니면 아예 생존 자체가 어려운 수준'입니다.

천정배 전 장관도 언급한 R&D 예산은 지역의 경제와 산업의 미래를 읽을 수 있는 지표입니다. 2014년 기준 수도권의 R&D 예산이 40조 1450억 원, 충청권이 9조 8162억 원, 영남권이 6조 7376억 원인 반면 호남은 2조 1144억 원에 불과합니다. 수도권의 R&D 예산이 전체의 67.7%, 충청권이 16.6%, 영남권이 11.4%이고 호남권은 3.6%입니다.

지역 총생산 측면에서 광주의 비중은 2008년 2.2%에서 2013년에는 2.1%로 줄었고 전남은 5.1%에서 4.3%로 줄었습니다. 2013년 전국 매출액 상위 1000대 기업에 광주와 전남 소재 기업은 25개 사에 불과하고 그나마 100대 기업은 단 한 곳도 없습니다(호남 전체로는 1천대 기업 36개). 반면 영남은 100대 기업 10개, 1000대 기업 177개가 있으며, 충청권은 100대 기업 3개, 1000대 기업 74개에 이릅니다.

자영업자 문제는 대한민국 경제 전체의 숙제이지만 광주 지역의 경우는 심각하다 못해 처참한 수준입니다. 연 매출액 평균 4,800만 원 미만으로 중소기업 직원 평균 급여보다 못한 매출액(순익이 아닙니다)을 올리는 자영업자가 전체의 59.5%로 거의 60%에 근접합니다. 연 매출액 1천만 원도 못 되는 자영업자 비율이 23.8%로 동일 구간에서 다른 지역 대비 가장 높았습니다. 이 정도면 과장된 표현이 아니라 액면 그대로 엄청난 인구(우리나라의 자영업자 비중은 22.5%)가 '기아선상'에 놓여 있다고 볼 수 있습니다.

이렇게 심각한 지표보다 호남 사람들을 더욱 두렵게 하고 분노하게 만드는 요인은 따로 있는 것 같습니다. 바로 현 정부, 집권 세력, 의사 결정권을 쥔 기획재정부 등 힘 있는 공무원들이 예산 배정 등에서 호남을 의도적으로 배제하고 왕따시키고 있다는 의문이었습니다. 의문이라고는 하지만 사실 그것은 오랜 현장 경험에서 나온 확신이나 마찬가지였습니다.

발제 및 토론자들은 광역경제권 설정에서 인구 중심의 과격한 공리주의적 관점을 유지한 것, 지역 낙후도 등을 무시하고 최소한의 정책적 배려도 상실했다는 것 등을 들어 이명박 정권 이후 호남에 대한 소외가 본격화한 것으로 보고 있습니다.

한 발표자는 "과거에는 프로젝트 계획을 들고 가면 최소한 같이 토론이라도 하던 공무원들이 이명박 정권 들어서자마자 '거기 두고 가라'며 아예 대화조차도 기피하는 것을 보고 놀랐다"고 하더군요. 이 발표자는 이런 일이 되풀이되자 중앙부처 공무원들에게 "아예 삼국시대로 돌아가자는 거냐?" 이렇게 묻기도 했다고 하더군요. 이런 정서에 최근 KTX의 서대전 분기역 문제까지 겹치면서 호남의 소외감과 분노는 치유 불가능한 수준으로 치닫는 것 아닌가 하는 걱정까지 생깁니다.

한전 본사의 나주 이전에 많은 기대를 걸고 있지만 불안감도 있습니다. 지난 4년 동안 호남으로 이전하는 16개 기관이 발주한 사업이 3조 7천억 원이고 그 가운데 한전의 물량만 2조 7천억 원에 이르는데 광주 전남 지역의 기업이 수주한 물량은 5% 미만이라고 하더군요. 한전의 본사 이전이 실제로는 지역경제와 무관하게 물 위에 뜬 기름처럼 겉도는 결과가 되지 않을까 하는 우려였습니다.

16개 기관의 이전에 그칠 것이 아니라 관련 기업과 연구소 등을 동반 유치해야 한다는 간절한 바람의 목소리를 내는 것이 이것 때문이었습니다. 16개 기관만의 이전으로 오는 인구는 가족까지 동반해도 1만 6천 명 내외로 신도시가 성립하는 최소한의 기준인 인구 3만 명을 채우기 어렵다는 것입니다. 한전이 지난해 연말 발표한, 2020년까지 단계적으로 500개 연관 기업을 유치한다는 계획을 주시하는 이유이기도 합니다.

사실 저는 이날 행사의 발언 기조가 '호남이 이 곤경을 벗어날 수 있도록 정부가 지원해 줘야 한다. 그 지원을 끌어오도록 호남이 더욱 노력해야 한다'는 방향으로 가는 것을 보고 약간 당혹스러웠습니다. 솔직히 말해서 현 정부에게 그런 지원을 기대하는 것은 나무에 올라가 물고기 잡는 행동(연목구어)이나 마찬가지 아닌지, 이런 식으로 하소연해서 과연 힘있는 관련 공무원들이 눈이나 깜박할 것인지 의문이었기 때문입니다.

현대자동차의 100만 대 생산 계획만 해도 너무 기대를 걸면 배신감만 커지지 않을까 하는 불안감이 생깁니다. 지난해 연말 '호남과 외국인은 지원 금지'라는 채용 공고를 내걸어 파문을 불러일으켰던 남양공업이 현대자동차의 1차 협력업체입니다. 남양공업은 하청업체 직원의 실수라고 했지만 취중진담이라는 말이 괜히 있는 게 아닙니다. 그런 실수에서 기업이나 조직의 비공식적이지만 핵심적인 분위기가 드러나는 법입니다. 현대자동차가 100만 대 생산 계획을 어떻게 처리할지 기대 만땅이 아니라 걱정 절반이 끼어드는 이유가 있는 것입니다.

"너무 정부 지원에 의존하는 것 아니냐"는 제 질문에 발표자들은 조심스럽게 대답하더군요. "지금 호남의 상황에서 자구 노력만으로는 한계가 있다. 최소한 자구 노력을 할 수 있는 여건만이라도 마련해 달라는 얘기다."

광주광역시가 한때 큰 기대를 걸었던 광光산업 클러스터는 1조 원 가량의 비용을 투입했지만, 현재는 경쟁력을 잃어가고 있다고 합니다. 참여 기업들의 기술력 자체가 국제 경쟁력을 갖지 못해서 중국 업체 등의 추격을 허용하는 등 여러 가지 이유가 작용한 것으로 들었습니다. 이 산업 클러스터를 지원하여 전·후방 연관 효과를 낼 수 있는 호남 지역 전반의 인적 물적 인프라가 매우 취약하다는 것이 결정적인 이유인 것으로 저는 판단합니다.

이런 광산업 클러스터의 사례는 해석하기에 따라 완전히 다른 교훈과 정책 방향을 도출해 낼 수 있습니다. 현 정권의 고위 경제 관료나 주류 경제학자들은 "역시 정책적 지원은 그만한 인프라가 갖춰진 곳에 집중해야 효과가 있다"는 명제를 금과옥조처럼 되새길지 모릅니다. 하지만 정반대의 입장에서는 "정책적 지원은 효과가 나타날 때까지 꾸준히 인내심을 갖고 진행해야 한다"는 교훈을 얻을 수도 있습니다. 과연 우리나라의 미래라는 관점에서 우리는 어떤 쪽에 보다 큰 비중을 실어야 할까요?

저는 이 문제를 단순히 경제 산업의 관점에서만 접근해서는 정확한 이해가 어렵다고 봅니다. 다른 지방에서 흉악 범죄가 일어나면 그냥 그 사람 개인이 저지른 사건이 되지만, 호남에서 비슷한 사건이 일어나면 "역시 전라도 것들은……" 하는 논리 구조가 강고하게 자리잡은 이 나라에서는 더욱 그렇다고 봅니다. 어떤 선생님이 어떤 아이는 성공할 때까지 계속 격려하며 가르치고 다른 아이는 실패할 때까지 계속 괴롭히고 왕따를 시킨다면 그 결과는 너무 뻔하지 않을까요?

지금 대한민국 경제의 주역이랄 수 있는 기업들은 박정희 정권 이래 숱한 실패와 시행착오 속에서도 정부가 금융 및 세금 등 제도적·비제도적 측면에서 어마어마한 '묻지마 지원'을 퍼부어 이룩한 결과물입니다. 저 기업들에게도 '한 번 안 되는 애들은 안 된다'는 기준을 적용했다면 저 중에서 현재 살아 남아있을 기업이 과연 몇 개나 될까요?

무엇보다도 호남이 계속 이 상태로, 소외되고 낙후된 상태로 남아 있다는 것은 문제의 해결이 아니라 유예일 수밖에 없습니다. 실은 유예도 아니고 점점 악화 심화되는 문제라고 해야죠. 지금 100의 비용이 아까워 호남의 문제를 해결하지 않으면 앞으로 1천, 1만, 1억의 비용을 들여도 문제의 해결이 어려울 수 있습니다. 박근혜 대통령, 그리고 이 나라의 고위 공직자들, 그리고 이 나라의 모든 지식인들이 이 문제를 좀 더 심각하게 고민해 주셨으면 하는 바람입니다.

.

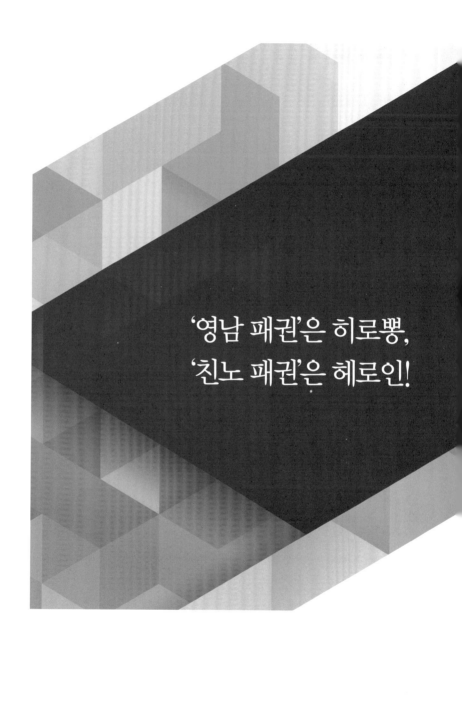

'영남 패권'은 히로뽕,
'친노 패권'은 헤로인!

'영남 패권'은 히로뽕,
'친노 패권'은 헤로인!

이 글은 2016년 3월 7일 온라인 시사 미디어 《프레시안》의 연속 토론 〈4.13 호남의 선택〉에 기고하여 게재된 것입니다.

김욱의 저작 『아주 낯선 상식』을 둘러싼 토론의 쟁점은 세 가지로 정리할 수 있다. 즉, △영남 패권은 실체가 있는가 △영남 패권은 친노 패권과 무슨 관계인가 △영남 패권과 호남 차별은 어떤 관계인가 등이 그것이다.

영남 패권의 실체를 둘러싼 설왕설래는 태양이 정말 존재하는지 논쟁하는 것과 비슷하다. 태양을 직접 발로 밟아본 사람도 없고, 그곳의 돌멩이 하나도 가져온 것이 없는데 태양이 실존한다는 것을 무엇으로 증명한단 말인가? 매일 아침 동쪽 하늘에 떠올라 대지를 비추는 저 존재가 우리의 착시가 아니라는 것을 어떻게 입증한단 말인가?

말도 안 되는 논리지만 현실에서는 이렇게 억지를 부리는 사람들이 적지 않다. 그들이 사회의 주류이자 다수일 때 억지는 상식의 반열에 오른다. 영남 패권과 친노 패권의 존재를 부인하는 장은주와 정희준의 논리는 그렇게 왜곡된 상식의 전형이다.

영남 패권은 어떻게 존재하는가

영남 패권의 증거는 너무나 많다. 1961년 5.16 쿠데타 이후 2016년까지 55년 동안 김대중 집권 5년을 제외한 50년은 모두 영남 출신 대통령이었다. 그게 어떻게 영남 패권의 증거가 될 수 있느냐고 말하는 사람들이 많다. 저 하늘에 빛나는 것이 어떻게 태양의 존재를 입증할 수 있느냐고 우기는 사람들이나 마찬가지다.

대한민국의 경제개발은 한정된 자원을 정부 주도로 영남 지역에 집중하는 방식으로 이루어졌다. 그 자원 배분을 기획하고 집행한 정부 권력의 수반이 대통령이다. 이런 방식의 자원 집중이 반세기 동안 이어져왔을 때 어떤 결과가 될까?

포항과 울산, 거제 등 영남 지역에 대규모 공단이 들어섰다. 거기 자리 잡은 산업체들은 괜찮은 일자리들을 많이 만들어냈고, 영남 주민들이 일차적으로 그 혜택을 봤다. 그 산업체 중 상당수는 지금 '신의 직장'이라고 불릴 만한 급여와 복지를 자랑한다. 그뿐만이 아니다.

산업체가 들어서고 사람이 몰리면 땅값이 오른다. 박정희 정권의 영남 개발이 아니었다면 한적한 시골 마을이었을 땅들이 지금 거대한 공업단지를 끼고 '금싸라기'가 되었다. 국토교통부의 공시지가 자료를 보면 울산시 주택가의 경우 1990년부터 2015년까지 땅값이 두 배 가량 올랐다. 자료가 없는 1960년대 이후의 땅값 변화까지 추적한다면 어마어마한 상승곡선이 나타날 것이다.

반면 광주, 여수, 목포 등 호남 주요 도시의 땅값은 1990년부터 2015년까지 소폭 하락한 경우가 대부분이었다.

좋은 직장, 좋은 급여, 복지 혜택에 더해 보유한 자산의 가치 즉 땅값도 오른다. 신분 상승의 황금열쇠를 움켜쥐었다는 의미이다. 자녀들을 서울로 보내 좋은 교육을 받게 하고 해외 유학도 일반화된다. 스펙 경쟁에서 앞서가는 것이다. 그것뿐인가? 대통령부터 정부 부처 실무자까지 영남 출신 선·후배, 동료들이 끌어주고 밀어주고 다독여준다.

박정희 정권 이래 반세기 동안 정부 고위직 인사 때마다 되풀이되는 공방이 있다. "왜 영남 출신이 이리 많으냐?"는 비판에 "능력 위주로 인사하는 게 당연한 것 아니냐"는 반론이 그것이다. 하지만 공무원의 역량은 얼마나 중요한 업무를 경험했느냐에 의해 결정된다. 공무원 경력 시작 단계부터 노른자위 보직을 경험해온 사람이 고위직에 오를 가능성이 훨씬 높다는 얘기이다.

박정희의 총애를 받던 전두환은 영남 출신으로 구성된 하나회 멤버끼리 군부 요직을 릴레이 경주의 배턴처럼 주고받았다. 그리고 대통령의 자리에까지 올랐다. 박정희의 총애가 전두환 이력의 키워드이다. 왜 능력 위주로 인사를 하면 영남 출신이 앞서나가는지 그 비밀을 단적으로 보여주는 사례이다.

정부 주도로 국가적 자원 배분이 이루어진다. 그 정부 권력은 특정 지역 출신이 독점한다. 이 경우 그 지역 출신들이 국가 권력을 사유화하고 편파적으로 사용할 가능성이 높다. 그 영향은 민간 분야에 반영된다. 그냥 반영될 뿐만 아니라 편향이 더욱 심화·고질화된다. 물체가 낙하하면서 가속도가 붙는 자연법칙이나 마찬가지다.

기업 성과 평가 사이트 《CEO스코어》가 2013년에 발표한 자료에 의하면 국내 30대 재벌그룹의 사장단에서 영남 출신의 비중은 42%에 이른다. 서울과 경기·인천 출신을 합친 37%보다 훨씬 많다. 호남 출신은 6%로 영남의 7분의 1에 불과하다. 10대 그룹 중 호남 출신 사장이 한 명도 없는 그룹도 삼성, GS, 롯데, 한화, 한진 등 5개로 전체의 절반이다.

　권력과 돈은 결정적으로 사회적 규정성을 갖는다. 영남 패권 위주로 사회 전반이 재편성되는 것이다. 학계, 언론, 문화계 등 선호도가 높은 영역일수록 영남 출신의 비중이 높다는 것은 구체적인 통계가 없어도 쉽게 인지할 수 있다. 국내 4년제 대학 교수의 절반 이상이 영남 출신이라는 얘기도 있다. TV 드라마 등 각종 방송 프로그램에서 영남 억양이 사실상(de facto)의 표준어 역할을 하는 현상도 이 점을 잘 보여준다.

　선호도가 높은데도 영남 출신의 비중이 덜한 영역이 있다. 실력이 결정적인 변별력을 갖는 전문 분야가 그것으로, 법조계가 대표적이다. 그래서인지 역대 사법시험 합격자 수는 영남과 호남의 차이가 별로 없다. 하지만 이런 균형은 고위직으로 올라갈수록 무너진다. 2014년 9월 현재 지법원장 및 고법원장 28명 중 영남 출신은 16명으로 전체의 57.1%에 이른다.

　호남 출신들은 어디로 갔을까? 변호사가 되었다. 민변(민주사회를 위한 변호사 모임)에 유난히 호남 출신들이 많은 이유이다. 법조계는 공무원 경력이 단절되더라도 변호사 개업이라는 탈출구가 있기 때문에 호남 출신들이 선호하는 직역이 되었을 것이다.

　이런 현상들이 영남 패권의 결과가 아니라면 무슨 이유일까? 가능한 대답은 하나다. '영남 사람들이 원래부터 우월하다'는 것이다. 영남 패권의 존재를 부인하는 사람들이 대놓고 말은 못해도 마음속으로 믿는 것이 이것이라고 본다. 다만 저 '원래'가 유전적인 것인지 아니면 영남 지방 특유의 어떤 분위기인지는 사람마다 생각이 다를 것이다.

그 답변이 어떤 것이건 영남 패권의 존재를 부인하는 주장은 하나의 결론으로 이어진다. 즉, 영남 사람들은 한반도 다른 지역 사람들과 인종적으로 혹은 문화적으로 다르다는 것이다. 이것은 본인이 의식하건 못하건 일종의 인종주의적 가치관이다. 영남 패권을 부인하는 사람들은 자신들의 생각이 정말 이것인지 솔직하게 밝힐 필요가 있다.

친노는 영남 패권과 무슨 관계인가

프레시안 지상 토론에서 장은주는 영남 패권의 존재를 인정하며 심지어 그 본질이 인종주의라는 점에도 동의한다. 이것은 정희준과의 중요한 차이점이다. 하지만 장은주와 정희준이 공유하는 것이 있다. 영남 패권과 친노의 관계를 결사적으로 부인한다는 점이다. 이 부분은 두 사람이 이 논쟁에서 결코 양보할 수 없는 최후의 마지노선 또는 성역 같은 것일지도 모른다.

노무현이 지역 문제의 해결을 본인의 가장 중요한 정치적 과제로 설정했던 것은 분명해 보인다. 문제는 노무현이 생각하는 지역 갈등의 원인과 그 해법이었다. 노무현은 지역 갈등의 책임이 호남에 있다고 봤으며, 그 해결 역시 호남의 변화가 선행되어야 한다고 봤다. 호남이 먼저 지역 문제에 대한 집착을 버려야 영남도 지역주의를 벗어날 수 있다고 생각한 것이다.

노무현은 2003년 8월 대구경북 지역 언론인들과의 간담회에서 "지역 소외감이나 지역 갈등, 지역 감정 등은 정치인이 만들어낸 허구"라고 주장하며 "92년 이전 30년 동안 대구 출신 대통령이 무소불위의 권력으로 국가의 자원을 주무를 때 진짜 호남을 소외시켰나?"라고 묻는다. 또 "국민들의 감시를 받고 견제를 받는 정권이 어느 지역을 지원하고 어느 지역을 소외시킬 수 있느냐. 그렇지 않다"고 단언한다.

영남 출신 대통령, 영남 권력이 호남을 차별하지 않았다는 것이다. 영남 패권도, 호남 차별도 없다는 주장이다. 노무현의 이런 관점에서 보자면 지역주의를 앞세워 무리한 요구(?)를 일삼는 호남의 명분과 정당성을 무너뜨리는 것이 개혁의 핵심이다. '호남 없는 개혁'이 그의 목표였고 '지역주의 극복'의 실제 내용이었다. 대연정 제안 당시 박근혜를 만나 '호남당이라는 말이 싫어서 민주당을 분당했다'고 한 발언에 그의 진심이 담겨 있다고 봐야 한다.

대북 송금 특검과 민주당 분당, 대연정 제안 등도 그런 정치적 구상의 연장이다. 호남 정치의 위상과 상징성을 훼손하고, 호남 정치를 고립화하여 호남 대 반호남을 한국 정치의 기본 구도화하는 것이었다. 호남 포위 전략인 셈이다. 노무현의 이런 구상은 김영삼이 삼당합당을 통해 추구했던 정치 구도와 정확하게 일치한다. 그 결과는 영남 패권의 안정화와 영속화였다.

노무현의 이런 정치관은 유시민과 문재인 등 친노 정치인들에게 전승된다. 특히 노무현 집권 당시부터 친노 세력은 호남 유권자들의 표를 놓고 동교동계 등 호남 정치인들과 경쟁해야 하는 상황이었다. 호남 정치 세력을 집요하게 부패 토호 세력으로 몰아가는 행동이 이런 요구에서 기인한다.

동교동계 정치가 지금 기준으로 봐서 투명하지 못했던 것은 사실이다. 하지만 김대중의 장남 김홍일 전 의원조차 고문으로 장애인을 만든 시대에 정치자금을 투명하게 공개한다는 것은 정치를 포기하라는 얘기나 마찬가지다. 그보다 훨씬 개선된 환경에서 정치를 한 노무현이 친인척 비리로 자살한 것, 비리에 연루된 친노 정치인이 적지 않다는 것을 보면 친노 세력의 호남 정치 비난이 얼마나 뻔뻔한 것인지 알 수 있다.

친노는 호남 정치에 대한 모욕을 통해서만 정치적인 생존이 가능하지만 이것은 일종의 딜레마이다. 호남 정치를 욕하면서 호남 유권자들에게 표를 달라고 요구해야 하기 때문이다. 그래서 친노의 정치적 메시지는 호남 유권자에 대한 협박과 결합하지 않으면 효과가 없다.

호남 사람들은 오랜 비하와 왕따로 고립에 대한 두려움이 심각하다. 친노는 그 약점을 파고든다. "너희들 왕따지? 우리까지 외면하면 너희들은 친구가 없지?" 이런 메시지이다. 유시민이 이 분야의 전문가다. 민주당에게 후보 단일화 압박을 가하면서 "우리가 당선은 못 시켜도 낙선은 시킬 수 있다"고 한 발언은 고전이라고 할 만하다.

유권자를 두려워해야 할 정치인과 정치세력이 유권자들을 협박하고, 유권자들은 정치인들의 눈치를 보는 세계 정치사에서 유례를 찾기 어려운 전도 현상이 벌어지는 것이 이 때문이다. 이러한 전도 현상이 바로 친노 패권의 본질이다.

친노 정치인이 몇이나 되느냐며 친노 패권의 존재를 부인하는 사람들이 있다. 친노는 분위기일 뿐이라는 것이다. 이것은 패권(hegemony) 개념에 대한 오해이다. 패권은 숫자 개념이 아니다. 미국이란 나라가 수십 개여서 수퍼파워로 군림하는 게 아니다. 패권이란 다른 세력의 행동에 영향을 미치는 힘을 말한다.

친노 정치인의 숫자가 소수이면서도 제1야당의 대통령 후보부터 당권까지 좌우하는 것이 친노 패권의 실체와 위력을 보여준다. 지난해 새정치연합의 2.8 전당대회에서 영남 권리당원은 8,678명에 대의원 2,605명이었고, 호남은 권리당원 14만 5,854명에 대의원은 영남보다 적은 1,927명이었다. 영남은 권리당원 3.3명 당 대의원 1명, 호남은 권리당원 75.7명 당 대의원 1명이었다. 영남 당원은 호남 당원에 비해 22.7배의 권리를 갖는 것이다.

21세기 대한민국에서 명색이 민주라는 이름을 단 정당이 표의 등가성이나 다수결 원칙조차 노골적으로 무시했던 것이다. 세계 정당 사상 유례를 찾기 어려운 이런 전도 현상을 영남 패권 말고 무엇으로 설명할 수 있을까? 친노 패권이 영남 패권의 일부분이며, 그 영향력으로 제1야당을 지배하고 있다는 것을 보여주는 사례이다. 친노 언론과 운동권 원로들, 진보 성향 지식인 등이 친노 패권의 일부로 작용하지 않으면 이런 불합리가 그대로 덮여질 수 없다.

이명박 박근혜보다는 그래도 친노 세력이 호남에 더 친화적이라는 의견도 있다. 정부 고위직 인사나 예산 배정 등에서 친노 정권이 들어서는 게 호남에 유리하다는 것이다. 주장 자체는 사실이다. 문제는 그렇게 해서 호남이 얻은 것과 잃은 것의 대차대조표이다.

노무현 정권은 정부 고위직 몇 개와 예산 배정 등에서 혜택을 준 대가로 호남이 수십 년 동안 피 흘려 쌓아온 정치적 선택의 정당성과 명분을 결정적으로 짓밟았다. 얻은 것과 잃은 것, 어느 게 더 클까? 비유하자면 호남은 집 문서, 땅 문서, 선산까지 친노한테 다 넘기고 그 대가로 자장면 몇 그릇 얻어먹은 셈이라고 본다.

친노는 영남 패권이 수십 년 동안 공들여(?) 쌓아온 호남 차별과 혐오, 고립화, 악마화의 무기를 가장 적극적으로 활용하는 정치세력이다. 정치세력의 실체는 그 깃발이 아니라 실제 언행을 통해 드러난다. 노무현과 친노가 호남 정치의 정당성을 부인하고 영남 패권의 안정화를 추구했다는 사실은 노무현 정권 이래 수많은 사례를 통해 드러난다. 이 명백한 사실을 부인하는 것은 판단력이 없거나 양심이 없거나 둘 중 하나다. 어쩌면 둘 다일지도 모른다.

정희준 주장의 허구성

여러 사람이 참여하는 토론의 경우 특정인의 주장에 초점을 맞추기보다 대립하는 의견의 기본적인 차이와 주장의 핵심에 집중하는 편이 낫다. 하지만 이 토론에서 정희준이 보여준 논리는 친노 세력의 위선과 억지의 샘플과도 같기 때문에 직접 언급하는 것이 토론의 진행에 효과적일 것 같다.

정희준은 영남 패권은 없고 서울 패권만 있다고 주장한다. 유태인이 월스트리트 아닌 텔아비브에 있으면 어떻게 패권을 행사하겠느냐며 유태인 패권은 없고 월스트리트 패권이 있을 뿐이라고 말한다.

월스트리트가 없어져도 유태인의 패권은 존재한다. 필요하다면 월스트리트 아니라 미국의 다른 도시에도 비슷한 기능을 구현할 수 있다. 또 유태인의 패권은 월스트리트에만 있는 게 아니다. 전 세계에 걸친 네트워크가 유태인 패권의 핵심이다. 그런데도 유태인 패권이 아닌 월스트리트만 얘기한다는 것은 그 패권의 실체를 덮어주자는 얘기이고 그 동조자 역할을 하겠다는 얘기이다.

영남 패권도 마찬가지다. 서울은 영남 패권이 작동하고 기능하는 기지이자 메커니즘이다. 영남 패권이 국가 권력을 통해 대한민국의 자원을 편파 배분했다는 사실은 이미 지적했다. 이를 위해 권력의 중앙 집중화는 필수적이었다. 즉, 서울의 비대화는 영남 패권의 결과라고 말할 수 있다.

정희준의 주장은 강도가 소지한 칼이 문제일 뿐, 강도는 문제가 아니라는 논리이다. 만일 일본이 다시 한국을 병탄해서 일본인들이 서울에서 총독이 되고 고위 관료가 되어 한반도를 지배한다고 하자. 그런 경우에도 정희준은 "서울 패권이 문제지 일본인들이 왜 문제냐?"라고 할 셈인지 묻고 싶다.

정희준은 호남 패권, 광주 패권을 문제 삼는다. 김대중이 호남 지역의 지지를 받은 것을 두고 "김대중은 지역주의의 최대 희생자이자 최대 수혜자"라고 물 타기를 했던 영남 패권 논리와 100% 일치한다. 누명을 쓰고 감옥에 갇힌 사람이 감옥의 방장을 한다고 해서 "너는 엉터리 수사의 피해자이자 최대의 수혜자"라고 말할 사람들이다.

호남 지역 GRDP 성장률이 저조한데도 광주는 전국 평균보다 높은 성장률을 보였다는 걸 광주 패권의 증거랍시고 정희준은 말한다. 숫자와 통계는 전체 맥락 속에서 해석하지 못하면 기만과 왜곡의 도구가 되기 쉽다. 왜 호남 경제는 죽어가는데 광주는 활기가 돌까?

이유는 간단하다. 호남의 여타 지역에서 워낙 먹고살기 어렵기 때문에 그나마 정부 예산과 자원이 더 주어지는 광주로 사람들이 몰리는 것이다. 이 현상은 호남 경제가 죽어간다는 사실을 보여줄 뿐 광주의 패권을 입증하는 것이 아니다. 정희준의 주장은 가난한 집안의 가장이 그나마 남은 돈으로 밖에 나가 구직 활동을 하는 것을 '아버지 패권'이라고 부르는 것이나 마찬가지이다.

대구는 왜 광주보다 GRDP 성장률이 낮을까? 영남은 굳이 대구로 몰릴 이유가 없다. 영남의 다른 지역에서도 어렵지 않게 살아갈 수 있기 때문이다. 정희준이 고심해서 올린 통계의 진짜 의미가 그것이다.

참여정부 인사의 호남 차별에 대한 증언을 두고 정희준은 왜곡이라고 단정한다. 정말 그것이 왜곡이라면 그 소문이 엉터리라는 것을 밝힐 데이터를 가져와야 한다. 하지만 정희준은 그냥 왜곡이라고 단정할 뿐이다. 소문에는 소문으로 대항하자는 전략 아닌지 묻고 싶다. 참여정부의 호남 인사차별에 대한 증언은 많다. 그 증언 상당수는 참여정부 관계자들에게서 나온 것이다. 정희준은 그런 증언보다 증거의 가치가 떨어지는 본인의 믿음만을 들이밀 뿐이다.

정희준은 문재인의 '영남 정권' 발언도 왜곡한다. 별 뜻 없이 "부산 정권인데…"라고 했다는 식이다. 그게 아니다. 문재인은 "APEC(아시아태평양경제협력체) 정상회의와 신항 및 북항 재개발, 인사 등 정부로서는 거의 할 수 있는 만큼 부산에 신경을 쓰고 지원을 했다"고 분명히 밝혔다. 다른 지역보다 부산에 훨씬 특혜를 베풀었다는 것을 선언한 발언이다. 그 발언에 '인사' 부분이 들어가 있는 것도 주목할 부분이다.

그뿐만이 아니다. 지난 대선 당시 부산 유세에서 문재인은 "세 번째 부산 대통령을 만들어달라"고 공개적으로 말했다. 정희준이 이건 또 어떻게 변명할지 궁금하다. 첫 번째 부산 대통령은 김영삼이다. 김영삼-노무현-문재인이 정치적으로 단일한 정체성이라는 것을 이보다 더 노골적으로 고백할 수 있을까 싶다.

정희준은 정동영을 찍었다고 밝혔다. 그런데, 정동영을 찍었다는 사실이 정동영을 비난하는 소재로 쓰인다. 이건 어떤 기시감을 불러온다. 호남을 욕하는 사람들이 변명처럼 "실은 내 부모님이 호남 출신"이라거나 "내 친구에 호남 놈들이 얼마나 많은데" 하는 것과 마찬가지라는 얘기다.

나는 정희준이 정동영을 찍어준 게 사실일 거라고 믿는다. 그래서, 김대중과 김영삼이 대결한 1992년 대선에서는 누구를 찍었을지 궁금하다. 정동영 한 번 찍은 사실을 호남과 정동영을 공격하는 데 써먹는 사람이라면 지금처럼 호남 정치를 공격할 때 옛날 김대중을 찍은 사실을 묻어두고 침묵할 리 없을 것 같아서 하는 얘기이다.

정동영이야말로 영남 후보론의 본질을 보여주는 리트머스 시험지이다. 영남 후보론은 수구 세력에 사로잡힌 영남 유권자들을 민주개혁 진영으로 끌어들이기 위해 영남 출신 대통령 후보를 내세워야 한다는 주장이다. 친노 정치의 핵심 명제 중 하나이다. 그 영남 유권자들에게 어느 날 영남 출신이 아닌 호남 출신 즉 정동영 같은 후보를 내세우면 어떻게 될까?

2002년 대선에서 노무현은 부산 29.9%, 울산 35.3%, 경남 27.1%의 득표를 했다. 정동영은 2007년 대선에서 부산 13.5%, 울산 13.6%, 경남 12.3%의 득

표를 했다. PK 지역의 민주개혁 지지표가 절반에서 3분의 2 가까이 추락한 것이다. 정동영의 후보 경쟁력이 노무현에 비해 너무 뒤떨어져서 생긴 현상일까? 사실은 영남 후보론으로 끌어들인 영남 민주개혁 지지 표의 본질을 보여주는 현상 아닐까?

호남의 그것과 대조해보자. 1997년 대선에서 호남 지역 광역단체별로 김대중 지지율은 92~97% 수준이었고, 2012년 대선의 문재인 지지율도 86~92% 수준이었다. 큰 차이가 없다. 문재인에 대한 호남의 인식이 좋지 않은 상태에서도 이런 결과가 나왔다. 문재인이 김대중만큼 탁월한 정치 지도자여서? 그렇게 믿고 발언해도 막을 수는 없다. 대한민국은 신앙과 전도의 자유가 있지 않은가.

영남 후보론은 영남 유권자들의 이기심과 지역주의에 영합하는 전략이다. 비유하자면 히로뽕 중독자에게 치료제랍시고 헤로인을 주는 셈이다. 노무현과 문재인의 사례를 보면서도 영남 후보론을 주장하는 것은 본인이 구제불능 수준의 히로뽕 중독자라는 사실을 고백하는 것이나 마찬가지다. 그 히로뽕의 진짜 이름은 '영남 패권'이고 헤로인의 다른 이름이 '친노 패권'이다.

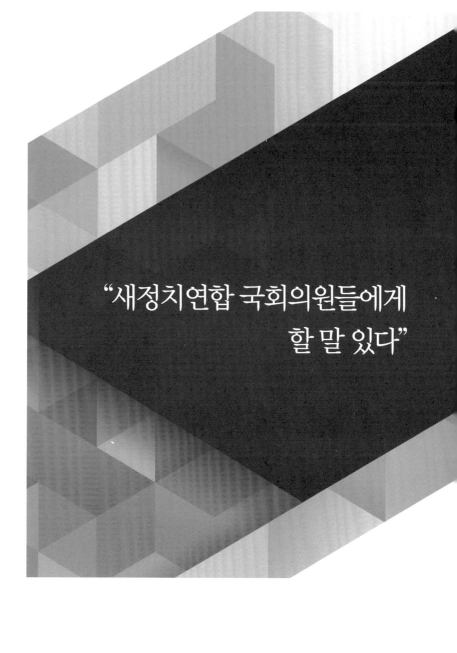

"새정치연합 국회의원들에게
할 말 있다"

"새정치연합 국회의원들에게 할 말 있다"

2014년 9월 14일(일요일) 오후 2시부터 〈당원들이 말하고 국회의원들이 듣는다 : 할 말 있는 당원들 모이세요〉라는 행사가 있었습니다. 더좋은미래와 다준다연구소(다음 세상을 준비하는 다른 연구소)가 공동 주최하는 행사로 새정치민주연합(민주당) 청년 당원들을 중심으로 당에 대한 불만과 하고 싶은 말을 쏟아내는 자리였습니다.

저는 새정치연합의 당원은 아니지만 평소 이 당에 하고 싶은 말이 있어서 참가 신청을 하고 네번째 순서로 발언했습니다. 주제는 '민주당과 호남의 관계 재설정'이었습니다.

의원님들 얼굴을 몰라 정확하게 숫자를 세어 볼 수는 없었지만 이 자리에는 국회의원이 열 분 이상 참석하신 것 같더군요. 새정치연합 국회의원들의 모임인 '더좋은미래'의 대표인 김기식 의원이 인사말을 했습니다. 아홉 명 발표자의 발표 순서가 모두 끝나고 우상호 의원이 총평처럼 얘기하는데, "정치를 15년 하고 재선까지 하면서 욕도 많이 먹었지만 그래도 별로 아프거나 하지는 않았다. 하지만 오늘 이 자리에서는 처음으로 '아프다'는 느낌을 받았다"고 하더군요.

다음은 당시 발표한 내용입니다.

민주당과 호남의 관계를 재설정하자

저는 2013년 10월 몇몇 분들과 뜻을 모아 지역차별극복시민행동(이후 지역평등시민연대로 개명)이라는 단체를 만들었습니다. 대한민국의 양심적이고 훌륭한 진보 지식인들이 묘하게도 지역 차별 문제에 대해서만은 거의 발언을 하지 않는 모습을 보고 저처럼 부족한 사람이라도 나서야 할 필요를 느꼈습니다. 지역 차별 문제의 담론화가 필요하다는 판단이었습니다.

이런 고민을 품고 단체를 만들었기 때문에 민주당에 대한 기대도 상당히 컸습니다. 뭐니 뭐니 해도 민주당이야말로 호남의 정치적 요구를 대변해 온 정당이라고 생각했기 때문입니다. 하지만 이 문제에 대해 민주당이 보여준 실제 모습은 너무 실망스러웠습니다.

2013년 연말 어떤 시민운동 단체의 송년 모임에 참석한 적이 있었습니다. 여기에 민주당 지역구 의원이 참석했더군요. 제가 그분께 질문했습니다. "호남에 대한 혐오 발언이 심각해지고 있는데 민주당은 이 문제 해결을 위해 어떤 노력을 하고 있느냐? 표는 호남에서 얻으면서 정작 호남에 대해서는 너무 무관심한 것 아니냐? 하루에도 몇 개씩 나오는 민주당의 대변인 성명 가운데 이 문제를 다룬 것이 하나도 없더라." 그랬더니 이 의원은 "다른 현안이 너무 많아서 그러겠지요" 하더군요. 호남 문제는 현안이 아니냐고 물었더니 대답을 안하시더군요.

참고로 새누리당 안효대 의원은 인종이나 지역 등을 이유로 혐오 발언을 할 경우 처벌할 수 있도록 한 형법 개정안을 발의했습니다. 제가 그 연말 모임 자리에 오신 민주당 의원께도 이 내용을 질문했습니다. 그랬더니 "그런 일이 있었느냐?"고 대답하더군요. 안효대 의원은 지역구도 울산입니다. 호남 표를 의식할 이유도, 호남 사람들 눈치를 볼 이유도 없다는 얘기입니다. 그런데도 그런 법안을 발의했습니다. 호남에 대한 인종주의적 증오 문제가 심각하다는 것을 고민했기 때문입니다. 그런데 민주당 의원들은 이 문제에 관심조차 없습니다.

제가 지난 7월 7일에 국회에서 인종주의적 혐오 발언의 현황과 대책을 고민하는 토론회를 주관했습니다. 이 행사는 박주선, 안효대, 송호창 의원께서 공동 주최로 참여해 주었습니다. 국회 차원에서 이 문제를 다룬 행사를 가진 것은 최초라고 들었습니다. 의원님이 여섯 분 오고 일반 시민도 90명 정도 참석해서 그 나름 성황이었습니다. 하지만 이 행사를 준비하면서 제가 민주당 관계자에게 겪은 수모는 잊혀지지 않습니다. 어떤 운동권 출신 의원의 보좌관을 만나서 겪은 일입니다.

보좌관을 만나서 토론회를 열 계획이니 도와달라고 했더니 토론회에서 무슨 얘기를 할 거냐고 묻더군요. 그래서 인종주의적 혐오 발언 문제를 다루게 될 것이라고 얘기했습니다. 호남에 예산을 더 달라거나 인사 차별 없애 달라는 얘기도 아니었습니다. 그런데 "도와줄 수 없다"고 하더군요. 이유가 뭐냐고 그랬더니 호남이 뭉치면 영남도 뭉칠 것 아니냐, 호남 문제는 민주당이 당사자인데 당사자가 어떻게 자신의 문제를 거론하느냐고 그러더군요.

영남은 새누리당이 저렇게 열심히 챙겨 주는데 호남은 민주당이 챙겨 주지 않으면 누가 챙겨 주느냐, 다문화 가정, 장애인, 성 소수자 심지어 반려 동물의 권리도 보호하자고 하는 사람들이 왜 전국민의 25~30%, 1천만 명이 넘는 호남 출신들이 일상적으로 모욕을 당하는 것에 대해서는 그렇게 외면하느냐고 그랬더니 "이 자리는 토론하는 자리가 아니잖습니까"라며 가로막더군요.

그러면서 "민주당이 영남 발전 특위를 만드는 것은 매우 모양이 좋지만, 호남 문제를 다루는 것은 안된다, 대구가 호남보다 못 산다, 지역 말고 계급 문제로 접근해야 한다"고 그러더군요. 제가 일일이 반박했더니 이 분이 마지막에 그러더군요.

"선생님, 저도 부모님이 호남 분이십니다."

이 마지막 한마디만 아니어도 제가 그때 일 다 잊고 이런 사람도 있으려니 하고 말았을 겁니다.

평소에 호남을 비웃고 무시하다가도 상황이 불리해지면 내 부모가 호남 출신이다, 내 마누라가 호남이다, 내 친구 누구누구가 호남이다 이런 변명을 하시는 분들이 있습니다. 지금 민주당이 호남을 대하는 태도가 딱 이것 아닌가요? 평상시에는 호남을 위해서 어떤 행동도 하지 않고 심지어 다른 사람이 그런 말 꺼내는 것조차 싫어하고 막으면서도 선거 때가 되면 내 마누라가 실은 호남인디, 내 부모가 전라도랑께, 이런 태도 아니냐는 겁니다.

민주당이 어려워질 때마다 혁신을 하느니 어쩌느니 하지만 그 혁신에서 항상 빠지는 내용이 있더군요. 호남 문제가 그것입니다. 실은 호남 문제를 빼놓는다기보다 오히려 호남 향우회가 문제라느니 호남 색깔을 빼야 한다느니 하는 얘기가 해법이랍시고 거론되고 그렇게 호남의 영향력을 줄이는 방향으로 혁신을 해온 것 같습니다.

저는 새 정치니 헌 정치니 따지기 전에 민주당이 지지자를 위한 정치를 한다는 정당 본연의 자세를 되찾아야 한다고 봅니다. 민주당의 주류가 호남에 대해 보이는 태도는 호남과 어떻게든 거리를 두고 싶고 호남의 지지를 받는 정당이라는 사실을 부끄러워 하고 숨기려 하면서 선거 때가 되면 와서 표 달라고 하던 것입니다.

시장에 좌판 펼쳐 놓고 초라한 모습으로 장사하는 부모 모습이 부끄러워 친구들에게 저 분 모르는 분이라고, 내 부모 아니라고 하다가 최신형 스마트폰 갖고 싶으면 그 부모에게 손 내미는 십대 아이들과 뭐가 다릅니까?

천정배, 정동영 등이 당을 떠난 것도 결국 호남 출신 거물 정치인이 등장하는 것만은 기를 쓰고 막아 온 후유증 아닌가요? 대선이나 중요한 선거 때 너희는 표만 주고 주는 대로 받아먹고 끽소리 하지 말라는 얘기 아닌가요? 중·고등학교 일진들이 왕따에게 빵셔틀 시키듯이 민주당이 호남에게 표셔틀 시키는 것 아닙니까? 솔직히 말해서 이거 호남당이라는 말이 싫어서 민주당 분당했던 시절부터 민주당 친노 세력의 기본 입장 아닙니까?

유시민이 선거 때마다 민주당에 했던 협박이 있죠?

"우리가 당선은 못 시켜도 낙선은 시킬 수 있다."

어떻게든 왕따와 소외, 고립을 벗어나 보려고 피눈물 나는 노력을 하는 호남의 취약한 처지를 악용한 아주 더러운 협박 정치였다고 저는 판단합니다. 그런데 지금 민주당이 호남에 대해 보이는 태도가 당시 유시민의 태도와 얼마나 다릅니까? 호남 너희는 우리 친노 PK 아니면 왕따 되잖아? 그러니까 끽소리 말고 표만 주고 시키는 대로 해, 이거 아니냐구요.

얼마 전 선거 패배를 분석하는 국회 토론회에서 "민주당은 당이 이렇게 심각한 상황인데도 이 문제를 지적하고 나서는 당원이 없다"는 얘기가 나오더군요. 기가 막혔습니다. 대선 후보 선출부터 모바일 투표니 뭐니 하면서 당원의 권리를 최소화해 온 당에 당원이 없는 것은 당연한 것 아닙니까? 그런 당이 당원이 없으니, 당원의 목소리가 없다느니 하는 것, 이거 적반하장도 유분수 아닌가요? 민주당이 대선 후보 선출 등에서 당원보다 일반 시민의 참여를 강조하는 것도 결국 조직의 기반을 이루는 호남 출신들의 목소리와 영향력을 줄여보려는 속셈 아닙니까?

저는 민주당에 남은 시간이 많지 않다고 봅니다. 서둘러야 할 겁니다. 죽어라고 민주당만 지지해 온 호남 민중의 피눈물 나는 지지표를 무시하고 모욕하는 태도를 버리지 않으면 아까 얘기했던 유시민의 협박을 이제 호남이 민주당을 향해 하게 될지도 모릅니다.

"우리가 니들 대통령은 못 만들어도 국회의원 못 하게 만들 수는 있단다. 까불지들 말란 말이다, 이 싸가지 없는 것들아!"

이렇게 말입니다.

듣기 싫은 소리를 많이 한 것 같습니다. 이런 소리를 하는 제 마음도 유쾌하지는 않습니다. 하지만 그나마 민주당에 남은 애정을 다 긁어모아서 이 자리에 나왔습니다. 정말 민주당이 제대로 변화하기를 바랍니다. 맨날 뼈를 깎는다고 하는데, 그 뼈 영양가 없어서 아무도 먹지 않습니다. 남은 뼈로 힘내서 호남과의 관계를 재정립하기를 바랍니다.

2014년 9월 14일

언론 기고와 SNS 등

문재인, 한국 정치의 대표적인 음서제
제1 야당의 금수저와 흙수저
'까보전'을 아십니까
새정치민주연합 '당원에게 길을 묻는다'고 해서
호남 사람은 정치적인 선택의 자유가 없나요?
문제는 친노 '패권이야 바보들아

문재인,
한국 정치의 대표적인 음서제

김무성 사위의 마약 혐의가 문제인 모양이다. 마약을 한 행위 자체보다 집행유예라는 선고가 더 시비의 대상이 되고 있다. 집권 여당 대표의 사위이다 보니 저런 의심이 생겨나는 것은 불가피하다. 우리나라 사법부에 대한 뿌리깊은 불신, 즉 유전무죄 무전유죄, 유권무죄 무권유죄로 상징되는 특권에 대한 의문이 배경에 깔려 있다.

금수저와 흙수저, 개룡남이 없는 시대, 현대판 음서제 논란 등도 우리 사회의 특권에 대한 대중들의 인식을 드러내는 표현들이다. 로스쿨 도입과 사법시험 폐지를 둘러싼 논란이 대표적이다.

그런데 정치권의 음서제에 대해서는 별 얘기가 없다. 박근혜 대통령이 박정희의 딸이 아니었다면 과연 대통령이 될 수 있었을까? 아마 불가능했을 것이다. 다만, 박근혜 대통령의 경우 아버지의 후광만은 아닌, 본인의 정치적 역량을 다양한 사례에서 검증했다는 점은 인정해야 할 것 같다. '선거의 여왕'이라는 타이틀이 무작정 박정희의 유산만으로 가능했다고 볼 수는 없다.

국회의원들 중에서도 2세 정치인들이 적지 않고 이들은 다양한 형태로 선대의 정치적 유산을 이어받은 경우이다. 하지만 그 어느 누구도 물려받은 유산만으로 성공했다고 말하기는 어려울 것이다. 다른 사람들에 비해 유리한 조건이기는 했지만 그래도 자신만의 노력과 재능도 적지 않게 작용했다는 얘기이다.

대한민국 정치계에 말 그대로 본인의 노력이나 업적, 재능이 거의 없이도 어마어마한 정치적 위치에 오른 사람은 따로 있다. 이 사람이야말로 한국 정치의 최대 미스터리이자 음서제라는 용어가 정치판에서 적용되어야 할 이유를 가장 뚜렷하게 보여주는 사례이다.

문재인이 바로 그 사람이다!

도대체 문재인이 한국 정치에서 무슨 업적을 남겼는지 나는 잘 모른다. 그것을 아는 사람도 본 적이 없다. 업적은 둘째 치고 현재 대한민국 정치, 특히 야권이 이렇게 망가지고 회복 불능의 아수라장이 된 가장 큰 이유를 찾아 거슬러 가면 거기에 문재인이 있다.

대북 송금 특검에 민주당 분당, 대연정 제안에 이르기까지 노무현 정권의 실패에는 그의 존재가 빠지지 않는다. 김대중과 민주당을 지지한 적이 없는 것은 거의 확실하고, 가장 친하다는 노무현이 도움을 요청했을 때도 매몰차게 거절하다가 대선 승리 이후에 슬그머니 나타나 요직을 차지했다. 고난은 같이하지 않고 영광만 누리는 전형적인 캐릭터다. 그 캐릭터는 노무현이 퇴임 이후 검찰 수사를 받을 때도 여실히 발휘된 것으로 안다.

노무현 정권 말기에 NLL 관련 대화록을 책임지고 국가기록원에 넘겼다고 단언했지만 야당 국회의원이 며칠씩 뒤져도 그런 자료는 나타나지 않았다. 그런 자료를 넘긴 증거도 나타나지 않았다. 이건 머리가 상상 이상으로 멍청하거나 상상을 초월하는 수준으로 양심불량이라는 얘기다. 문재인은 자신의 NLL

자료 관련 발언에 대해서도 전혀 책임지지 않고 있다.

이런 자, 업적이라곤 약에 쓰려도 없고 온갖 후유증만 남긴 자, 능력도 쥐뿔도 없는 자가 오직 하나 전직 대통령의 친구에 출신 지역이 영남이라는 이유만으로 국회의원이 되고 제1야당의 대통령 후보가 되고 당 대표가 되는 것을 도대체 무어라고 불러야 하나? 이거야말로 현대판 음서제의 가장 대표적인 사례 아닐까?

사실 이건 과거 왕조 시대의 음서제보다 더 후퇴한 성격의 특혜이다. 왕조시대의 음서제는 그래도 왕조 개국공신 등 업적이 뚜렷한 인물의 후예들에게 집중됐고 그 음서제에 따른 특혜라는 것도 그다지 파격적인 것은 아니었다. 관직에 오르는 길을 열어주었을 뿐, 그 뒤에 출세하는 것은 본인의 역량에 의해 좌우됐던 것이다. 관직에 오르자마자 대번에 영의정에 오르거나 그러지는 못했다는 얘기이다.

그런데 문재인은 어떤가? 새누리당의 배려로 의심받기도 하는 정치 신인 손수조의 출마에 힘입어 거저 줍다시피 국회의원이 된데다 아무런 정치적 업적이나 내공이 검증되지도 못한 초선 의원으로서 제1야당의 대통령 후보가 되어서 그나마 승리 가능성이 있는 후보를 낙마시키는 역할을 했다. 어영부영 제1야당 대표가 되더니 재·보궐 선거 후련하게 말아먹고도 온갖 비판에 귀막고 오직 버티기 신공 하나로 야권 전체를 초토화시키는 중이다.

다 좋다. 그럴 수도 있다 치자. 정말 기가 막히는 것은, 문재인에게 적용되는 음서제의 원천에 관한 것이다. 왕조시대의 음서제는 그래도 그 정권 입장에서 인정받는 권위에서 기인했다. 간단히 말해 새로운 왕조의 건립이나 또는 반정으로 왕위를 찬탈한 세력이 그 배경이 됐다는 것이다.

하지만 문재인이 혜택을 보는 음서제는 누구의 권위에 의지한 것인가? 노무현 아닌가? 노무현은 어떤 존재인가? 공짜로 얻은 것이나 마찬가지인 대통령의 자리를 온갖 삽질과 허영질, 헛소리, 음모적 책동으로 후련하게 날려먹고 정권 연장마저 실제로 방해한 정치인 아닌가? 간단히 말해서 왕조시대로 치자면 망국의 군주 아니냐는 얘기이다.

세상에 망국의 군주 덕분에 음서제 혜택을 보는 경우도 있었나? 원 세상에 이런 일이!

이러니 적어도 정치적 정의라는 관점에서 본 대한민국 제1야당은 몇 백 년 전 왕조시대보다도 한참 낙후한 세력이라고 판단할 수밖에 없다는 결론이다.

2015년 9월 7일

제1야당의
금수저와 흙수저

　　초선 의원 문재인이 제1야당 대통령 후보에 이어 제1야당 당
대표까지 해먹은 지난해 새정치연합 2.8 전당대회. 이 전당대회에서 어떤 규
칙이 적용되었는지 살펴보면 우리나라 제1야당이 어떤 상태인지, 친노 패권이
야당의 민주주의 파괴에 어떤 역할을 하고 있는지 분명히 알 수 있습니다.

　　대한민국은 민주주의 원칙이 적용되는 민주공화국입니다. 민주공화국에서
모든 사람은 투표에 관한 한 동일한 권리를 갖습니다. 재벌 오너라고 해서 1만
표씩 행사하는 게 아니고, 길거리 노숙자라 해도(주민등록이 말소되지 않았다
면) 당당하게 1표를 행사할 수 있습니다.

　　이건 국회의원, 장·차관, 대학 교수 등 신분과 지위에 무관하게 적용되는
원칙입니다. 심지어 대한민국의 최고 권력자라고 할 수 있는 대통령이라 해도
마찬가지입니다. 다들 1인 1표입니다. 이건 헌법이 정한 원칙입니다.

　　그런데 평소에 민주주의 원칙을 그렇게 강조하는 우리나라 제1야당 새정치
연합이 자기 당의 대표를 뽑는 전당대회에서는 이 1인 1표 원칙을 적용하지 않

았습니다. 흔히 하는 말로 표의 등가성等價性이 지켜지지 않았다는 겁니다. 어떤 사람은 더 많은 표를 행사하고 어떤 사람은 그보다 훨씬 적은 권리만 가졌던 것입니다.

좀더 정확하게 말하면 영남 지역의 당원과 호남 지역의 당원이 도저히 같은 당 당원, 아니 같은 나라 국민이라고 할 수도 없을 정도로 그 권리에서 엄청난 차이가 있었다는 겁니다. 그렇게 지역에 따라 당원의 권리에 거대한 차별을 둔 상태로 투표가 이루어졌고, 그 투표로 초선 의원 문재인이 대한민국 제1야당의 당대표가 되었습니다.

지역 차별이라고 하는데, 그 비율이 어느 정도일까요? 10%? 20%? 또는 두세 배 정도? 아닙니다. 놀라지 마세요. 무려 22.7배랍니다. 퍼센티지로 따지면 제1야당의 영남 지역 당원들은 호남 지역의 당원들보다 2,270%나 더 많은 권리를 누리고 행사하는 것입니다.

2015년 2.8 전당대회에서 영남 지역 권리당원은 8,678명, 대의원은 2,605명이었습니다. 권리당원 대비 대의원의 비율을 따져봤더니 영남 지역에는 권리당원 3.3명당 대의원 1명씩을 배정했습니다.

반면 호남 지역은 어떤가요? 권리당원이 14만 5,854명, 대의원은 1,927명입니다. 권리당원 75.7명 당 대의원 1명을 배정했습니다. 그 결과 새정치연합의 권리당원은 호남이 영남의 16.8배인데, 대의원은 오히려 영남이 호남보다 678명이나 더 많습니다. 호남 지역의 대의원보다 35%가 더 많은 겁니다. 이거 내가 산수를 잘 못 하는 것인지 혹여나 엑셀 프로그램에 문제가 생긴 게 아닌지, 아니면 내가 민주주의란 것에 대해서, 표의 등가성 원칙에 대해서 뭔가 오해하고 있는 것 아닌지 마구마구 헷갈릴 지경입니다.

새정치연합 전체, 즉 전국의 권리당원 대비 대의원 비율은 21.5명당 1명 정도입니다. 영·호남을 제외한 다른 지역들만의 통계를 내봤더니 권리당원 14명 당 대의원 1명으로 나오는군요. 우연인지 아닌지 서울 지역의 권리당원 대비 대의원 비율이 14.4명당 1명으로 전국 평균에 가장 근접했습니다.

애기 나온 김에 좀 더 살펴봤습니다. 대구 지역은 권리당원 484명에 대의원 453명, 권리당원 1.1인 당 대의원 1명입니다. 대구에선 제1야당 당원에 가입했다 하면 거의 자동으로 대의원이 될 수 있다는 계산입니다. 거기에서 대의원 못 되신 새정치연합 권리당원들은 완전히 부처님 가운데 토막 같으신 분들이라고 봐야 하나요?

그 다음이 경북으로 권리당원 717명에 대의원 489명으로 권리당원 1.5인당 대의원 1명입니다. 울산과 부산은 권리당원 2.2~2.3명당 대의원 1명, 경남은 권리당원 7.8명당 대의원 1인으로 나옵니다.

호남도 권역별로 차이가 심합니다. 광주광역시는 권리당원 52명당 대의원 1명, 전남은 권리당원 80.7명당 대의원 1명, 전북은 권리당원 86.4명당 대의원 1명이네요. 그 동안 군소리 없이 친노 세력 지지해 주고, 눈물겨운 충성심을 과시한 지역일수록 오히려 당원으로서 푸대접을 받는다는 결론입니다.

민주주의의 가장 기본이라고 할 수 있는 1인 1표 원칙도 적용되지 않는 대한민국 제1야당! 영남 당원은 인삼 뿌리 먹고, 호남 당원은 무 뿌리도 제대로 못 먹는 실정입니다. 그런데 이 정당이 선거 때마다 호남한테 와서 마치 표 맡겨둔 것처럼, 빚쟁이가 빚 갚으라는 소리 하는 것처럼 호남에게 표를 내놓으라고 합니다. 그런 친노 세력이 싫어서 호남 정치를 말하거나 다른 정치 세력을 지지한다고 하면 지역주의 세력이라고 온갖 모욕과 협박을 퍼붓습니다. 이런 게 패권 아니면 도대체 뭐가 패권입니까?

이따위 말도 안 되는 통계 어디서 가져왔느냐고, 유언비어 퍼뜨린다고 호통

치시는 분들 계실 겁니다. 하지만 이 통계는 호남의 일부 부패 토호 세력들이 꾸며서 만든 게 아닙니다. 이것은 2.8 전당대회 직전인 2015년 1월 20일자로 매일경제신문 계열사 매일경제TV 기사에 실린 내용입니다. 저는 이 기사에 실린 수치를 그대로 가져와 광역별 통계를 다시 내고 그걸 이미지로 만든 것뿐입니다.

그런데 솔직히 말해서 저 데이터도 실제에 비해서는 매우 축소된 것일 가능성이 많습니다. 저 기사가 나온 뒤 2.8 전당대회 직전에 새정치연합이 전당대회 규칙을 문재인에게 유리하게 부랴부랴 고친 것은 알고 계시죠? 그것뿐입니까? 당시 전당대회에서 당원도 아닌 외부 인물들이 투표권 행사한 사람들 많습니다. 그 외부 인물들이 대부분 친노 성향, 문재인을 지지하는 표라는 것은 대부분의 사람들이 인정합니다.

그것뿐만이 아닙니다. 지난해 연말 새정치연합 현역 국회의원이 비공개로 2.8 전당대회 당시의 영·호남 당원의 권리 차이를 밝힌 적이 있었습니다. 그분에게 들은 숫자를 근거로 통계를 뽑아 봤더니 영남 지역 당원들이 호남 지역 당원들보다 무려 42배 넘게 더 많은 권리를 행사하더군요.

이게 정당인가요? 당 이름에서 '민주'란 단어나 빼고 이따위 짓을 하면 그래도 덜 황당할 것 같습니다. 대한민국의 모든 권력과 특혜, 기회, 자원을 영남 패권이 독식하고 있는데 그런 문제를 개선하라고 호남이 표를 준 제1야당이 문제를 개선하기는커녕 오히려 앞장서서 그 부조리를 악화시키고 있는 것 아닙니까?

이런 통계 보고도 영남 패권이 어디 있다는 말이냐, 친노 패권이 어디 있다는 말이냐 그러실 분들이 한두 분도 아니고 어마어마하게 많습니다. 그런 분들께 드릴 말씀은 그냥 이겁니다.

새정치연합 지역별 권리당원과 대의원 현황
2015년 2.8 전당대회 당시

지역	서울	경기	인천	세종	충북	충남	대전	강원	제주	전체
대의원	2,609	2,680	622	46	363	498	343	389	148	7,698
권리당원	37,503	35,935	5,535	401	2,335	11,753	4,367	4,192	6,058	108,079
권리당원 / 대의원	14.4	13.4	8.9	8.7	6.4	23.6	12.7	10.8	40.9	14.0

지역	경북	경남	대구	울산	부산	광주	전남	전북
대의원	489	666	453	230	767	477	748	702
권리당원	717	5,188	484	498	1,791	24,824	60,377	60,653
권리당원 / 대의원	1.5	7.8	1.1	2.2	2.3	52.0	80.7	86.4

지역	영남	호남	영남 당원은 호남 당원보다 몇 배의 권리를 누리는가
대의원	2,605	1,927	
권리당원	8,678	145,854	**22.7배**
권리당원 / 대의원	3.3	75.7	

"이렇게 명백한 증거조차 부인하는 당신들이야말로 대한민국의 상식과 합리를 근본부터 부인하는 영남 패권이 존재한다는 뚜렷한 증거 아닙니까?"

호남 지역에 당원이 많다는 것은 그만큼 호남 지역이 대한민국의 제1야당과 민주 개혁을 위해서 많이 기여해 왔고 지금도 기여하고 있다는 증거입니다. 기여한 몫만큼 권리를 누리는 게 정의이고 합리성입니다. 정당의 주인은 당원이라는 정치의 초보적인 원칙도 다시 한번 기억하고 새겨둘 필요가 있습니다.

금수저와 흙수저 논란이 뜨겁지만 정말 심각한 문제는 금수저와 흙수저의 차이가 아닙니다. 정당한 노력의 결과로 그런 차이가 생긴다면 대부분의 사람들이 성실하게 노력해서 그런 차이를 극복하고 자신의 처지를 개선하려고 노력하게 됩니다. 하지만 그 차이가 정당한 경쟁의 결과가 아니라 완전히 불합리한 차별과 모순에서 나온다면 누구도 그런 차이를 받아들일 수 없을 겁니다.

하루 종일 방구석에서 뒹굴며 낮잠이나 자던 인간이 저녁에 안방에 도사리고 앉아 제일 먼저 밥상 받아 좋은 반찬 다 챙겨먹고, 반대로 하루 종일 뙤약볕에 나가 땀 흘리며 고생한 사람은 저녁 늦게 마당에서 신문지 깔고 찬물에 맨밥 말아먹는다면, 그런 집에 무슨 정의가 있고 개혁이 있겠습니까? 그건 그냥 주인과 노예의 관계일 뿐이에요. 여러분들 같으면 그거 그냥 참겠습니까? 당장 밥상 뒤집어엎지 않겠습니까?

지금 친노 패권의 극복을 이야기하고 호남 정치의 복원과 대안정당의 건설을 이야기하는 것이 다 이러한 문제 의식에서 출발한 겁니다. 그런데도 일부 친노 지지자들은 이런 노력을 비하하고 비웃으며 저주하고 증오합니다. 친노 세력들이 오래 전부터 김대중과 호남 정치를 모욕해 왔던 표현을 그대로 동원합니다. 호남 정치는 구태, 토호, 부패, 난닝구라는 겁니다.

결국 이 사람들 하는 얘기 들어보면 호남은 영원히 친노 세력의 노비 또는 머슴으로 남아야 한다는 겁니다. 실은 이 자들에게 호남은 노비 머슴보다 못한 존재들입니다. 노비 머슴이야 밥이라도 먹이면서 일 시켰지요. 이것들은 선거만 끝나면 호남의 경제적 낙후, 인사차별, 호남 모욕 등에 대해서는 입 싹 씻고 오히려 그런 차별을 앞장서 부추기거나 침묵합니다. 그런 얘기를 꺼내는 사람들을 지역주의자라고 모욕합니다.

그래서 호남과 친노는 결코 같이 갈 수 없습니다. 갈라서야 합니다. 호남 문제의 해결은 거기에서부터 시작해야 합니다.

2016년 2월 20일

'까보전'을 아십니까

　　'까보전'이라는 말이 있다. 인터넷을 중심으로 쓰이기 시작하더니 어느새 술집이나 카페 또는 출퇴근 길 대중교통 안에서 사람들의 대화에도 쓰이는 단어가 되었다. 저 단어는 '까놓고 보니 전라도더라'라는 문장을 줄여서 표현한 것이다.

　　누군가 그럴싸한 말을 해도 발언의 주체가 호남 출신이라면 배후가 의심스럽고, 발언의 가치를 인정할 수 없다는 의미이다. 이 표현은 호남 혐오 현상의 밑바닥에 깔려 있는 인종주의적 폭력과 편견, 악의를 노골적으로 드러낸다. 홍어니 난닝구니 하는 호남 증오 현상은 이제 특정 사이트에 몰려 있는 루저들의 자조적인 행위를 넘어 배울 만큼 배우고 사회적인 지위를 갖고 있다는 인물들에 의해 이 나라 담론 시장의 시민권을 획득해 가고 있다.

　　실명으로 의견을 표명하는 소셜 네트워크나 언론사 기사에 달리는 의견도 예외가 아니다. 엘리트로 인정받는 전공의 수련생이 호남 지역 전공의들의 대정부 투쟁 참여가 저조하다는 점을 들어 '까보전은 진리'라는 말을 내뱉는다. 심지어 보수 잡지에서 활동하는 어느 논객은 '호남을 식민지화 해야 한다'는 발언까지 서슴치 않는다. 이 논객의 '나라가 정상화되기 위해서는 몇 백만 명 죽어도 된다'는 발언과 연결해 보면 호남 인종청소 가상 시나리오라는 것의 사실성을 결코 장난으로 웃어넘기기 어렵다.

최근의 인종주의는 인간 집단 사이의 유전적 우열을 따지는 개념을 벗어나고 있다. 자신의 의지로 선택하지 않는 조건을 기준으로 사람들의 행위를 평가하고 나아가 그 인간 집단 구성원의 모든 행위를 그러한 가치 판단의 범주 안에 우격다짐으로 가두는 행위가 인종주의의 대표적인 행동 방식으로 나타난다.

대한민국의 다른 지역에서 일어나는 범죄는 그냥 특정 개인의 행위인 반면 호남에서 일어나는 범죄는 '또 호남 놈'의 짓이 되는 이 나라 주류 언론의 이미지 조작이 대표적이다. 섬노예 사건은 '신안의 그것'으로 도배하는 반면 그보다 몇 백 배 잔악한 행태에다 피해 규모도 심각한 형제복지원 사건에서는 '부산'이 빠지고 금세 언론의 관심사에서 멀어지는 것을 보면 그 대조가 분명해진다.

출신 지역을 기준으로 사람의 발언이나 행위를 평가한다면 개화기 이후 우리 민족이 피땀 흘려 쌓아온 시민사회의 가치는 설 자리가 없어진다. 시민사회가 작동하는 기본 질서인 사상과 표현, 양심의 자유라는 것도 구두선에 불과해진다. 자유 민주주의의 외피를 쓰고 있어도 실제로 이 나라를 움직이는 핵심 질서는 전근대적인 신분제나 반인류적인 범죄인 인종주의 수준으로 고착되어 있는 셈이다.

동전에 양면이 있는 것처럼 모든 현상에는 이면이 있다. '까보전'이라는 표현의 이면에는 무엇이 있을까? 호남 출신은 무슨 발언을 해도 인정받지 못한다는 얘기는 역으로 뒤집어 또 다른 특정 지역 출신들은 아무리 개차반 같은 짓을 저질러도, 아무리 허접한 의견을 내놓아도 점수를 따고 정당성을 인정받고 들어간다는 얘기일 것이다. 이런 질서가 지배하는 나라, 이런 묵계가 통하는 사회가 과연 험난한 국제 사회의 생존경쟁을 헤쳐나갈 수 있을까?

호남 증오 현상에서 무엇보다 아쉬운 것은 이 문제를 대하는 지식인들의 태도이다. 호남 증오는 이 나라의 상징 자산을 둘러싼 대립과 갈등이라는 성격이 강하다. 호남이 보여온 정치 경제 사회 문화적 선택이 100% 옳다고 말하는 것도 억지지만, 반대로 그 선택을 100% 부정하는 것도 지식인으로서 용납할 수 없는 폭력이다. 하지만 우리나라 지식인들은 호남에 퍼부어지는 이런 폭력에 대해 대부분 침묵한다. 심지어 그 폭력에 동참하는 경우조차 없지 않다.

필자 역시 전라도 출신이다. 까보전의 법칙에서 자유롭지 못하다는 얘기이다. 누구나 아는 이런 얘기를 꺼내는 데에도 용기가 필요했다. 그래도 한 분 한 분 발언을 함께해 주시는 분들이 계셨기에 입을 열 수 있었다. 정당한 용기를 보여주고 또 전파시키는 것도 지식인의 빼놓을 수 없는 소명 아닐까? 두려움도 그렇지만 용기도 마찬가지로 전염성을 갖는다는 소박한 진실을 필자는 믿고 있다.

〈내일신문〉, 2014년 4월 23일

새정치민주연합
'당원에게 길을 묻는다'고 해서

이 글은 2014년 10월 12일 오후 3시 금천구청에서 열린 새정치연합의 '당원에게 길을 묻는다' 행사를 참관한 경과와 느낌을 정리한 것입니다.

새정치연합이 위기인 것은 확실하고, 그 위기를 소속 국회의원들과 주요 정치인들이나 당원들이 인식하고 있는 것도 확실한데 과연 그 진단이 어떻게 나오는지, 해결책은 어떻게 제시되는지 궁금했습니다. 그래서 〈당원에게 길을 묻는다〉 행사에 참가했습니다.

안내 데스크에서 저는 당원이 아닌데 참석하려 한다고 했더니 처음에는 입장을 막더군요. 하지만 제가 계속 강하게 참가 의사를 밝히자 접수하던 분이 다른 책임자를 불러 이것저것 묻더니 입장을 허락해주었습니다.

행사 시작하기 거의 한 시간 전에 갔기 때문에 행사 준비하는 모습부터 볼 수 있었습니다. 새누리당의 행사에 가본 적이 없어서 비교할 수는 없지만 그

나름 활기찬 모습이 보기 좋더군요. 뭐랄까, 당원들이 당에 대해서 관심과 애정을 놓지 않고 있다는 것을 느꼈습니다. 그 숫자가 어느 정도인지에 대해서는 단언할 수 없습니다만.

다만, 행사 준비나 진행에서 낡은 형식성이 여전히 상당히 중요한 비중을 차지하는 것이 좀 거슬렸습니다. 물론 심각한 정도는 아니었습니다만. 참석 국회의원 누구누구에게 인사말을 시킬 것인지 그 자리에서 설왕설래하는 모습도 그렇고 준비가 체계적이지 않다는 느낌도 들더군요.

말 그대로 당원들에게 듣는 자리라면 국회의원처럼 평소 발언 기회가 많았던 사람들보다 말 그대로 평소 드러나지 않게 활동하는 사람들이 좀더 자유롭게, 좀더 편하게 발언할 수 있는 자리와 형식, 장치를 마련하는 게 좋지 않았을까 싶더군요.

다른 사람들의 발언은 대개 의례적인 인사말에 가까웠습니다만, 박원순 시장은 등장하면서부터 관심과 이목을 끌었고 발언 태도나 내용도 뭔가 작심하고 나왔다는 느낌을 받았습니다. 하지만 웃도리 벗으면서 "이제 좀 스티브 잡스 같습니까?" 하는 발언이나 태도는 그다지 마음에 들지 않았습니다. 나이 먹은 당원들과 대조되는, 젊은 세대를 의식한 발언이겠지만 유력 정치인이 기껏 스티브 잡스(가 별 게 아니라는 의미가 아니고) 같은 기업인의 이미지나 차용할 생각을 한다는 게 좀 그렇더군요.

발언 내용은 더욱 마음에 들지 않았습니다. 특히 과거 서울시장 후보 경선 때 "민주당은 선거인단을 버스로 실어나르는 동원 투표를 했지만 나는 아니었다. 결국 누가 이겼느냐?"는 발언은 경솔했다고 봅니다. 당원 지정 발언에서 어떤 고참 당원이 이 부분을 지적하며 "민주당은 동원 선거를 한 적이 없다"며 매우 정중하게, 하지만 분명하게 반박하더군요. 이후 이어지는 박 시장의 발언도 자기 과시라는 느낌이 강했고, 무엇보다도 현재 새정치연합의 문제점을 매우 안이하게 인식하고 있는 것 같더군요.

박 시장은 자신이 〈희망제작소〉 등에서 기획 진행한 프로그램에 대해서 엄청난 자부심을 드러내면서 "이런 식으로 하면 한 달에 새정치연합 지지율이 10%씩은 오를 것"이라고 하더군요. 현상적으로 젊은이들과 지식인·전문가들이 새정치연합에 참여하지 않는 것도 사실이지만, 그런 문제가 기껏 저런 이벤트성 기획으로 해결될 수 있을 것이라고 정말 그렇게 믿는지 묻고 싶어지더군요. 이 분, 기본적으로 정치적 컨텐츠와 이벤트를 구분하지 못한다고 봅니다.

무엇보다 박 시장은 새정치연합의 문제점을 해결하는 대립 전선을 엉뚱하게 긋고 있다고 봤습니다. 즉, 과거 김대중이 이끌던 민주당 시절의 구태와 자신이 상징(?)하는 참신한 시민적 가치라는 대립 전선으로 문제를 보고 있는 것 아닌가, 그렇다면 박원순 시장의 정치적 내공이라는 것에 큰 기대를 걸기는 어렵겠다는 생각이 들더군요.

그러한 인식이 얼마나 현실과 일치하는지 여부를 미주알고주알 따지기는 어렵지만 기본적으로 그러한 인식이 친노 세력의 그것이라는 점, 그러한 인식으로 새정치연합의 문제를 진단하고 주도해온 친노 세력이 얻은 결과가 무엇인지에 대해서 좀 더 철저한 고민과 모색이 필요할 것이라고 생각합니다. 박 시장 본인은 친노 세력과 분명히 구분되는 정치적 지향점과 노선을 추구한다고 생각할지 모르지만 그 실제 내용은 친노 세력과 구분되기 어려울 것이라고 봅니다.

사전에 지정해서 3분씩 발언한 당원들의 발언 내용은 예상을 크게 벗어나지 않았습니다. 민주당의 상황에 대한 위기감 그리고 무엇보다도 불공정한 공천에 대한 불만과 분노가 내면 깊숙이 자리 잡고 있다는 것을 느낄 수 있었습니다.

SNS에서 새누리당에게 밀리고 있다는 한탄, 세월호 특별법을 둘러싼 새누리당의 여론전에 대항하여 당원들이 사용할 수 있는 실탄(반박 논리나 자료 등)조차 전혀 제공되지 않았다는 한탄, 당의 운영이나 정책 개발에서 당원의 목소리가 전혀 반영되지 않고 당의 연구소나 운영기구들이 제대로 움직이지 않고 있다는 지적은 매우 뼈아플 거라는 생각을 했습니다.(내가 새정치연합 국회의원이나 주요 당직자라면 그렇게 느꼈을 것 같다는 얘기입니다. 진짜 그 분들이 어떻게 느꼈는지는 알 수 없습니다.)

현장에서 신청한 사람에게도 발언권을 준다고 해서 종이에 질의 요지를 적어서 제출했습니다. 제가 발언하기에 앞서 연세 많으신 고참 당원 한 분이 "현재 새정치연합이 이 지경에 이른 것은 무엇보다 노빠들의 패권주의 때문이다. 이 문제를 해결하지 않으면 당의 미래가 없다. 노빠들은 모든 당직에서 물러나 이선으로 퇴진하라"는 얘기를 하시더군요. 100% 공감했습니다. 저는 다음과 같은 요지로 발언했습니다.

"나는 당원이 아니지만 그 동안 민주당 계열의 정당 외에는 거의 지지해 본 적이 없다. 양해를 얻어 이 자리에 나왔다. 상황이 어려울수록 기본으로 돌아가라고 한다. 정당의 기본은 무엇일까? 그것은 지지 세력의 이익을 옹호하고 그 이익을 관철하기 위해 노력하는 것이다. 그러한 지지 세력의 이익이 결국 국가 전체의 이익으로 연결되도록 노력하는 것이 정당의 존재 이유이다.

하지만 새정치연합은 가장 강력한 지지기반인 호남을 위해서 무슨 노력을 했는가? 일베 같은 호남 혐오 언행에 대해서 당 차원의 목소리를 낸 적이 한 번도 없지 않은가? 하루에도 몇 개씩 나오는 당 대변인 성명에서도 이 문제를 언급한 적이 없다. 표는 호남에서 얻으면서 실제로는 호남과 관련이 없는 정치 세력으로 행세하고 있다.

새정치연합의 이런 태도는 시장에서 좌판 깔고 장사하는 부모를 부끄러워하고 친구들에게 '저 사람 내 부모 아니다'라고 부인하다가 신형 스마트폰 갖고 싶으면 부모에게 손 내미는 십대와 어떻게 다른가? 모바일 투표니 뭐니 하는 것도 결국 당원의 비중을 줄이고, 호남의 목소리를 제한하자는 의도로 읽을 수 있다.

아까 박원순 시장이 과거 민주당의 투표 행태를 부인하는 식의 발언을 한 것도 문제라고 본다. 정당에서 자신의 전통과 기반을 무시하는 식의 발언이 이렇게 쉽사리 튀어나오는 것, 거기에 대해서 아무 문제의식도 없다는 게 정말 심각한 문제다."

중산층과 서민의 정당이라는 새정치연합이 왜 정작 선거에서는 그들의 지지를 얻지 못하는가에 대해서도 발언을 준비했지만, 3분이 지나 마이크가 꺼지는 바람에 그 부분은 간략하게 언급하고 생략했습니다.

자리를 마무리하면서 그 자리에서 즉석 발언을 할 분들에게 발언 기회를 주자 새정치연합의 무슨 당직자라는 여성이 일어나 발언하더군요. "정당은 지지 기반을 확대해야 한다. 그러려면 호남과 더 거리를 두어야 한다"는 요지였습니다. 정확한 워딩이 '거리를 두어야 한다'는 것이었는지 '단절해야 한다'는 것인지 기억이 분명치 않습니다. 그나마 더 온건한 표현인 '거리를 두어야 한다'는 것으로 일단 정리합니다. 제 발언에 대한 반박이라는 생각이 들더군요.

그 여성의 발언이 새정치연합의 현재 주류 세력의 가장 보편적인 인식 아닌가 하는 생각을 했습니다. 당의 지지 기반을 확대하기 위해서는 호남을 버려야 한다는 식의 인식과 발언이 저렇게 '당원에게 듣는 자리'에서 거리낌 없이 튀어나오는 것이 바로 새정치연합의 현실이고, 이 당이 처한 문제를 여실히 보여준다고 생각했습니다. 아마 이 당은 자신들의 문제를 진단하고 해결하는 노력을 하면 할수록 이런 인식을 더 노골적으로 드러내게 되지 않을까, 저런 발언을 접할 기회도 더 늘어나지 않을까 하는 생각을 했습니다.

추미애 의원이 인사말을 하면서 새정치연합이 돌아가야 할 지점으로 김대중을 언급하면서 노무현을 빼놓은 것, 박지원 의원이 "모바일 투표는 결코 있을 수 없다"는 발언을 한 것 등이 기억에 남습니다.

발언을 했던 새정치연합의 당원 한 분이 행사 끝나고 다가와서 "얘기 잘 들었다. 얘기 좀 더 하자"고 하셔서 금천구청 근처에서 30분 가량 얘기를 나누었습니다. 영남 패권과 호남의 소외 현상, 새정치연합의 문제점 등에 대해서 이런저런 얘기를 주고받았습니다. 공직 생활을 하다가 은퇴하셨다는 그 분이 당원으로서 느끼는 분노와 비애가 절절하게 다가왔습니다.

저는 이 행사를 참관한 경험을 자체 정리하면서 새정치연합에 없는 게 두 가지라는 생각을 했습니다. 그것은 신상필벌과 실사구시라는 두 가지 원칙입니다. 불공정한 공천이 신상필벌의 부재를 나타내는 대표적인 현상이고, 당의 정책 개발이 제대로 이루어지지 않고 있는 것이 실사구시의 실종을 보여준다고 생각합니다.

당원들의 발언에서 드러난 문제의식으로 볼 때 신상필벌의 문제점에 대한 공감대는 비교적 광범위하게 자리잡은 것 같습니다. 당의 운영을 실제로 장악하고 있는 친노 세력도 아마 어떠한 형태로건 이런 불만에 대응하지 않을 수 없을 것이라고 봅니다. 과연 그들의 가장 강력한(실제로는 유일한) 무기인 모바일 투표까지 포기할 수 있을지는 장담할 수 없지만, 상당한 수준으로 공정성을 내세울 수 있는 방안을 찾아낼 겁니다. 그들 나름의 당원 대중을 설득할 수 있는 방식이 되겠지요.

하지만 실사구시의 문제는 당분간 답이 보이지 않을 것 같습니다. 왜 서민과 중산층이 이 당을 지지하지 않는지, 아니 지지할 수 없는지에 대해서 당원 대중들을 포함해서 국회의원들과 당직자들의 문제의식이 너무 낡았다는 생각을 하게 됩니다. 신자유주의 타령, 사람이 먼저라는 정신 승리적 주문을 벗어던지는 과감한 문제 제기가 없다면, 이 당은 당분간 대중의 지지를 회복하지 못할 것이라고 봅니다.

이 당의 유력 대선 주자가 문재인이나 박원순 같은 수준 이하 정치인이라면 더욱 그렇지요. 새누리당의 삽질 등 요행에 힘입어 집권한다고 해도 그것은 이 당이나 국가, 민족에게 더 큰 재앙으로 이어질 가능성이 크다고 봅니다.

우리나라의 민주화와 경제 회복에 큰 족적을 남겼던 이 당의 정치적인 자산은 이제 거의 사라져가고 있습니다. 이 당을 어떻게 대해야 할 것인지 정말 많은 고민이 필요하다고 봅니다. 이 당에서 건질 것은 건지고 추릴 것은 추리고 버릴 것은 버려야 할 터인데, 그 첫 걸음을 어떻게 떼야 할 것인지 여러 가지로 생각하게 됩니다.

호남 사람은
정치적인 선택의 자유가 없나요?

그 나름 진보적이고 양심적이라는 분들이 호남의 정치
적 변화에 대해 발언하시는 것을 보면 답답하고 슬퍼집니다.

호남에서 문재인과 더민주당(더불어민주당) 친노에 대한 거부와 분노의 분
위기가 급격히 늘어나는 데 대해서 이 분들은 '지역주의'라고 비판합니다. 호남
이 친노를 지지하면 지역주의가 아니고, 친노를 거부하고 반대하면 지역주의
라는 주장입니다. 좀 극단적으로 말하자면 호남은 정당과 정치 세력을 선택할
자유가 없다는 얘기 같습니다. 친노 세력이 호남의 노비 문서라도 쥐고 있는지
의문이 생길 지경입니다.

천정배가 호남 정치 복원 내걸고 신당 추진하면 호남 자민련이라고 비웃고,
안철수가 호남의 지지를 기반으로 새정치 주장하면 그건 또 지역주의랍니다.
호남은 어떡하라는 건가요? 눈 감고 귀 막고 입 닥치고 무조건 친노만 지지하
라는 걸까요? 자손대대로 대를 이어서 노무현 일당한테 충성을 바치라는 얘기
입니다. 호남이 자신의 의지로 독자적인 선택을 하면 때려죽일 놈이라는 논리

입니다.

아메리카 인디언 학살로 잘 알려진 카스터라는 미군 장교가 한 유명한 발언이 있습니다.

"착한 인디언은 죽은 인디언뿐이다."

지금 호남 지역주의 비판하시는 분들의 논리가 사실은 저 카스터의 발언과 똑같습니다.

"착한 호남은 뇌 기능이 제거된, 시키는 대로 하는 호남뿐이다."

친노 세력이 하라는 대로 하지 않으면 지역주의고, 배척해야 할 대상이라는 얘기입니다. 친노 찍어 주면 착한 호남(실은 착한 노비)이 되는 겁니다.

이 분들은 새누리당을 막기 위해 분열하면 안 된다는 논리를 내세웁니다. 그런데 호남이 왜 분열을 걱정해야 하는지 잘 모르겠습니다. 결국 친노가 정권 잡는 데 기여해야 한다는 얘기입니다. 그런데 친노가 정권 잡으면 뭐가 좋아지나요? 호남에 장관 자리 몇 개 던져 주고 예산 좀 늘려 주고 나서 두고두고 "호남은 지역주의, 토호, 부패, 난닝구, 홍어라서 친노 아니면 짓밟히며 살 수밖에 없다"는 얘기를 하지 않겠습니까? 표를 준 것은 호남인데 마치 친노가 호남에게 은혜를 베풀어 준 것처럼 행동해 온 것이 노무현과 친노의 태도였습니다.

노무현이 이런 말을 했습니다.

"내가 정권 재창출해야 할 의무가 있습니까?"

정치인은 당연하게 정권 재창출해야 할 의무가 있습니다. 정권 재창출할 생각도 없는 정치인한테 표를 줄 유권자는 없습니다. 노무현의 저 발언은 스스로 사기꾼이라고 선언한 것이나 마찬가지입니다. 노무현이 대선 과정에서 "나 정권 재창출할 생각 없습니다." 이런 소리를 했다면 과연 당선될 수 있었겠습니까? 어림없는 얘기입니다. 정권 재창출은 정치인의 모든 공약을 하나로 집약한 명제입니다. 정치를 잘해서 국민들의 지지를 얻어야 집권 연장이 가능하거든요. 이걸 포기한다는 것은 정치를 망가뜨리고 국정을 개판치겠다는 선언이나 마찬가지인 겁니다.

당연히 정권 창출해야 할 의무가 있는 노무현은 정작 정권 재창출 의무가 없다고 했는데, 호남은 왜 노무현의 후예들을 위해 정권 재창출을 고민해야 하나요? 호남이 욕먹고 피흘려 가면서 표 찍어 주면 결국 그 열매를 공짜로 차지하는 것은 친노 아닙니까?

정 분열이 걱정되면 친노 세력이 정치를 접는 게 맞습니다. 애초에 멀쩡한 집권당 깨고 민주세력 분열시킨 것이 노무현과 친노들입니다. 원상회복 차원이나 결자해지라는 점에서도 친노가 정계 은퇴하는 게 맞습니다.

그리고 친노는 호남한테 협박하는 버릇을 버려야 합니다.

"친노가 외면하면 호남은 고립된다!"

이거, 유시민이 수십 수백 번 써먹은 수법입니다. 유시민이 자기네 후보 당선은 못 시켜도 민주당 후보들 낙선은 시킬 수 있다고 공갈할 때 써먹은 수법이었습니다.

하지만 호남을 결정적으로 고립시킨 것은 노무현과 친노들입니다. 호남은 비록 소수여도 민주 개혁의 리더십이라는 상징성을 갖고 있었습니다. 이것 때문에 호남은 소수임에도 고립과 소외는 상대적으로 심각하지 않았습니다. 정당성과 명분이라는 상징 자산을 갖고 있었던 것입니다.

이걸 가장 악랄하게 훼손하고 모욕한 게 노무현입니다. 호남은 지역주의 정치 세력이고 호남이 지역주의를 버려야 영남도 지역주의를 버릴 수 있다는 메시지를 끈질기게 퍼뜨린 자가 노무현입니다. 문재인과 친노 일당이 하는 얘기는 여기에서 한 걸음도 벗어나지 않습니다. 난닝구, 부패, 토호, 지역주의……

이걸로 호남을 악랄하게 상징화한 게 바로 친노 세력입니다.

호남이 결정적으로 고립되고 소외된 건 숫자가 적기 때문이 아닙니다. 새누리당처럼 외부에서 공격하는 무리들의 영향력은 오히려 부차적입니다. 가장 결정적이고 악의에 찬 공격은 호남의 덕을 가장 많이 보고 호남의 핏값으로 대통령, 국회의원, 장관 등 노른자위를 챙긴 친노와 86들이 한 것입니다. 등 뒤에서 찌르는 칼은 피할 수도 없는 법입니다. 호남의 고립과 소외의 8할은 친노가 저지른 범죄의 결과입니다.

호남은 고립을 두려워하면 안됩니다. 고립에 대한 호남의 두려움을 가장 악랄하게 이용하는 무리가 친노 세력입니다. 호남은 이미 고립돼 있습니다. 더 고립되고 말 것도 없습니다. 호남의 가장 큰 문제는 고립이 아니고 정체성의 상실입니다. 자기 자신을 비하하고 모욕하는 것이 진보적인 호남인의 자격인 것처럼 착각하는 넋빠진 호남 사람들, 특히 진보적인 지식인들의 각성이 훨씬 중요합니다.

호남은 정치적 선택의 자유가 있습니다. 이걸 부인하는 것은 기본적인 민주주의의 원칙마저 거부하겠다는 얘기입니다. 영남 패권주의의 가장 큰 특징이 최소한의 시민적 상식마저 마음대로 짓밟고 부인한다는 겁니다.

호남이 고립을 벗어나는 가장 확실한 방법이 친노와 결별하는 것입니다. 대한민국에서 친노와 반노를 가르면 누가 더 많을까요? 친노가 더 많을까요? 그러면 왜 선거 때마다 판판이 깨집니까?

친노와 함께하면 호남은 영원히 소수로 머무르게 됩니다. 아무리 호남을 겁주고 사기치면서 버티려고 해도 친노의 유효 기간이 다 됐습니다. 인정하기 싫어도 현실은 현실입니다.

2016년 1월 13일

문제는 친노 패권이야
바보들아

2016년 1월 31일 주말 아침부터 정동영 관련 뉴스로 시끄러웠다. 정동영이 더민주당 복당 조건으로 전주 덕진 공천을 요구했고, 그것을 더민주당이 거절했고 그래서 복당 교섭이 결렬됐다는 내용의 보도였다.

하지만 이 기사 내용은 좀 이해가 가지 않았다.

정동영이 지난해 4.29 재보궐 선거의 실패 이후 정치적으로 어려운 처지인 것은 사실이다. 하지만 정동영은 야당의 대권 후보였고(제1야당의 대선 후보였던 현역 정치인은 지금 정동영과 문재인 둘뿐이다) 지금도 적지 않은 지지층과 득표력을 가진 정치인이다.

정동영은 군이 더민주당의 공천을 받을 필요 없이 무소속으로도 전주 지역 당선 가능성이 높다. 전주가 아니라 해도 전북 지역에서는 그가 출마해 당선될 지역구는 어렵지 않게 찾을 수 있다. 그런 그가 기껏 더민주당 복당 조건으로 '전주 덕진 공천 보장'을 요구한다?

정동영이 더민주당에 복귀한다면 그로서는 적지 않은 정치적 손실을 각오해야 한다. 그의 지지자들이 강경한 반노 성향이라는 것을 감안하면 더욱 그렇다. 정동영이 더민주당에 복귀할 경우 그의 지지층 절반 정도가 떨어져나갈 수도 있다. 그런데 그런 손실을 감안하고 기껏 요구하는 게 전주 덕진 공천 보장?

게다가 지금은 정치적 격변기이다. 이런 혼란기일수록 일정한 정치적 지분을 가진 정치 지도자의 거래 가격(?)은 상승곡선을 그릴 수밖에 없다. 순창에 칩거해 온 정동영에게 최근 러브콜이 빈번해진 것 역시 정동영의 정치적 가치에 대한 평가 외에 이런 정치 대목 시장의 특징이 나타난 것이기도 하다.

그런데 이런 대목을 맞아서 기껏 요구하는 게 전주 덕진 공천 보장이라는 얘기는 현실성이 떨어진다. 오히려 더민주당이 정동영에게 그런 조건을 받아 출마해 달라고 매달렸다면 차라리 수긍할 수 있겠다.

물론 정치판의 내면이란 걸 밖에서 손바닥 들여다보듯 단언할 수는 없다. 하지만 이번 보도는 너무 상식을 벗어난 내용이어서 의문을 가질 수밖에 없다.

사실 이 기사가 보여주는 함의는 다른 측면에서 좀 더 충격적이다. 바로 친노 패권의 실제와 그것이 작동하는 방식을 보여주는 전형적인 샘플이라는 점이다. 이번 보도 내용이 사실이 아니라면 더욱 말할 것도 없지만, 백 번 양보해서 사실이라 해도 이번 보도는 명백하게 친노 패권이 존재한다는 것, 그리고 그 패권의 내면과 작동 방식이 얼마나 추악하고 야비한가를 적나라하게 보여준다.

정치 세력끼리의 거래나 협상은 남들에게 투명하게 드러내기에는 어려운 점이 많다. 그게 현실이다. 기업과 기업의 거래도 그렇고, 극단적으로 말해서 남녀간의 교제와 결혼도 마찬가지다. 조건을 따지고 밀당이 벌어진다. 그러다가 서로 조건이 안 맞고 이해 관계가 다르면 서로 깨끗하게 손을 터는 게 맞다.

만일 A기업과 B기업이 비밀리에 협상을 하다가 조건이 안 맞아 손 털었는데 B기업이 느닷없이 'A기업이 이러저러한 조건을 내걸었는데 너무 엉터리라 걷어찼다' 이렇게 언론에 밝힌다면 어떻게 될까? 간단히 말해서 두 번 다시 A기업과는 거래 안 하겠다는 얘기다.

그뿐만이 아니다. 그 업계의 C, D, E, F 등등 다른 기업들과도 거래 안 한다는 선언이나 마찬가지다. 도대체 어떤 기업이 B기업을 믿고 상담을 하고 거래할 수 있겠는가? 결국 B기업은 다른 모든 기업들을 타도 대상으로 삼아서 그 업계를 평정하고 독차지하겠다는 속셈일 수밖에 없다. 비즈니스가 아니라 폭력과 모함, 공권력 투서 등 온갖 깡패짓을 동원해 상대를 죽이겠다는 노골적인 선언이라고 봐야 한다.

문제는 이것이 친노 패권이 존재해 온 방식, 가장 추악하고 야비한 방식을 동원해 다른 정치인이나 정치 세력을 압살하고 영향력을 행사해 온 방식이라는 점이다. 친노 패권에 반대하거나 그 영향력에 걸림돌이 되는 정치인이나 정치 세력을 부패하고 타락한 구태, 척결해야 할 대상으로 왜곡하고 모함하는 것이다.

노무현이 대통령에 당선되자마자 대북 송금 특검을 준비한 것은 바로 김대중의 정치적 권위와 영향력을 '똥통'에 집어넣으려는 기획이었다. 대한민국 정치인 가운데 가장 크게 남북대화와 평화에 기여한 정치인으로서 김대중의 업적을 '돈 주고 산 것, 북한과 내통한 간첩질'로 몰아가려는 의도였던 것이다.

참조할 만한 권위가 드문 대한민국, 특히 그 중에서도 더욱 그런 권위가 아쉬운 진보 개혁 진영에 이 대북 송금 특검이 미친 영향은 치명적이었다. 이런 막장 깡패짓을 오직 소수 정치 집단의 이기적 목적을 위해서 얼마든지 저지를 수 있는 것이 친노 패권의 본질이다.

그밖에 민주당을 분당한 것, 호남 정치인들과는 정치 못 하겠다고 한 것, 정동영 고건 손학규 등 친노 패권에 거슬리는 정치인만 골라서 저격한 것 등이 노무현과 친노 패권이 장기로 삼은 '나와 다른 정치세력은 모조리 적으로 삼아 죽이는 수법'의 대표적인 사례들이다.

노무현이 자살한 이후에도 그런 수법은 그 후계자인 친노 패권에 의해 고스란히 전승돼 오고 있다. 유시민과 문재인의 숱한 언행이 이를 잘 보여준다. 특히 문재인은 노무현의 다른 정치인 죽이기 수법에 한 가지를 추가했다.

단 둘이 만나서 한 얘기를 뒤집고 나중에 딴소리를 하는 수법이 그것이다. 거기에 제대로 당한 정치인이 이상돈 영입을 둘러싼 파문 당시의 박영선이다. '문재인과 단 둘이 만날 때는 반드시 녹음기를 동원해 녹취록을 만들어야 한다'는 얘기가 정치권에 공공연히 나도는 이유이다.

친노 패권의 이런 수법에는 반드시 필요한 보조 장치가 있다. 바로 언론이다. 친노의 억지와 사기, 말도 안되는 개판 논리를 정당화하고 기정 사실화하여 유권자 대중이 억지로라도 받아들이게 하려면 반드시 나서서 나팔수 노릇을 해주는 언론이 있어야 한다.

한겨레신문이 오래 전부터 친노 기관지라는 평을 듣는 것도 성한용 김의겸 등을 중심으로 노골적으로 언론의 체면 따위 벗어젖히고 친노 패권의 이익을 위해 광분하는 행태 때문이다. 한겨레신문이 대표적이지만 그들로 그치는 것이 아니다. 진보 성향을 훈장처럼 여기는 온갖 언론들, 제1야당과 협조해 얻을 '궁물'을 기대하는 언론들은 차고도 넘친다.

친노 패권의 행패는 특정 정치인이나 정치 세력만을 대상으로 하지 않는다. 이들의 가장 큰 먹이이자 물주, 숙주는 바로 호남이다. 호남을 겁주고 위협해서 볼모로 삼아 노예처럼 부리지 않으면 사실 친노 패권이란 것은 대구 자갈마당 양아치들 만한 위력도 없다.

호남 정치인이나 유권자들이 고분고분하게 친노의 말을 듣지 않으면 지역주의, 지역 패권, 지역 이기주의, 부패 토호, 구태 정치라는 소리를 듣게 된다. 바로 한겨레신문 등 진보 언론 나부랭이들이 이를 위해 팔을 걷어부치고 나선다. 그리고 무슨 교수니 전문가니 하는 진보 성향 지식인들이 헛기침으로 목청 가다듬고 부채 휘두르며 뒤를 받쳐준다.

영남 패권에 오랫동안 짓밟히고 당한 호남 사람들의 공포심과 자기 비하, 자기 검열을 이들은 노린다. 호남 너희들, 전국에서 욕 얻어먹지? 소수지? 우리가 니들 버리면 니들 정말 힘들어지지? 이런 메시지로 평상시 줄기차게 '친노와 갈라서면 죽는다'는 생각을 호남에 심어 놓는다. 그리고 반란의 기미가 드러나면 그런 공포심을 자극하고 극대화하는 집중 포격이 전개된다.

이게 바로 친노 패권이 발휘되는 전형적인 방식이다. 도대체 더민주당에 친노 정치인이 몇이나 된다고 친노 패권을 말하느냐고 흥분하는 당신들, 도대체 머리가 없는 거냐, 양심이 없는 거냐 아니면 둘 다 전당포에 맡겨둔 거냐? 친노 패권은 대한민국 진보 진영의 거대하고 추잡한 카르텔, 영남 패권의 동맹군을 부르는 이름이다.

이번 정동영─더민주당 협상 조건 파문은 바로 이렇게 친노 패권이 어떻게 작동하고, 어떻게 방해되는 정치인을 죽이는지를 보여주는 하나의 샘플과도 같다. 조국의 미래가 궁금하면 관악의 하늘을 보라고 한다지만, 친노와 협력한 정치인의 미래가 궁금할 경우 참조할 샘플은 너무 많아서 다 열거하기가 힘들 지경이다. 김대중, 김근태, 고건, 정동영, 손학규, 천정배, 안철수 등등. 참 면면도 화려하지!

그래서 문제는 친노 패권이야 바보들아!

단체 소개

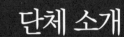

지역평등시민연대 왜 만들었고 무슨 활동을 하는가
지역평등시민연대의 활동 방향

지역평등시민연대
왜 만들었고 무슨 활동을 하는가

1. 개요

지역평등시민연대(이하 지평련)는 호남에 대한 인종주의적 혐오와 차별을 극복하여 대한민국의 건전한 발전을 이룩한다는 목표로 2013년 10월 설립됐습니다. 현재 회원은 215명이며, 매달 12인의 운영위원들이 정기 운영회의를 갖고 토론회 개최, 언론 홍보, 성명서 발표, 호소문 작성, 조직 강화 등의 활동을 수행하고 있습니다.

2. 주요 활동

〈2013년〉

- 2013년 10월 11일. 종로5가 기독교회관에서 창립 총회. 주동식을 대표로, 송영을 상임고문으로, 서태식을 감사로, 한기양 공희준 이승훈 등을 운영위원으로 선임

〈2014년〉

- 2014년 2월 1일. 주동식 대표가 상근자 활동 시작
- 2014년 2월 16일. 이른바 '섬노예' 사건 관련 인터넷의 호남 혐오 발언에 항의하고 이성의 회복을 촉구하는 〈대한민국의 지성과 양심의 회복을 호소합니다〉라는 제목의 성명 발표
- 2014년 4월 23일. 『내일신문』에 '까보전을 아십니까'라는 제목으로 주동식 대표 기명 칼럼 게재
- 2014년 5월 23일. 안대희 총리후보의 지명을 반대하는 〈시대착오적인 영남 패권 인사는 철폐해야〉라는 제목의 성명 발표
- 2014년 5월. 서울대학 등 서울 소재 주요 대학 총학생회에 〈지역차별 문제에 대한 대학생 공동 설문조사〉 실시 제안
- 2014년 7월 7일. 국회도서관 소회의실에서 박주선 안효대 송호창 의원 공동 주최, 지평련 주관으로 〈인종주의적 혐오 발언, 현황과 대책〉이라는 주제로 토론회 개최. 참석자 87명(국회의원 6명 포함). 『머니투데이』 등 주요 언론 보도
- 2014년 8월 20일. 국회의원회관 제1세미나실에서 열린 〈야권 침몰, 死卽生의 길은 있는가?〉 주제의 토론회에서 주동식 대표가 "새정치연합은 당원 중심의 운영을 회복해야 한다" 요지의 발언
- 2014년 8월 21일. 〈지역평등을 위해 대통령님께 드리는 호소문〉 제출. 대통령 비서실 등 관련 부서를 거쳐 국민대통합위원회가 9월 11일 '활동에 반영하겠다'는 취지의 답변 보내옴
- 2014년 9월 10일. 일간베스트 회원들의 이른바 '광화문 폭식투쟁'에 대해 '광장에 나오려거든 호남에 대한 저주와 학살을 부추기는 언행과 구분하는 선을 그으라'는 내용의 성명 발표
- 2014년 9월 14일. 국회도서관 강당에서 열린 '새정치연합 국회의원들에게 할 말 있다' 주제의 연설대전에서 주동식 대표가 〈새정치연합과 호남의 관계 재정립 필요〉라는 주제로 발표
- 2014년 9월 18일. 정의연대 등 11개 시민사회단체가 주관한 '세월호 특별법: 출구는 없는가' 주제의 토론회에 주동식 대표가 참석, '야권과 진보진영의 세 가지 오류'라는 주제로 발언
- 2014년 10월. 정기 운영위원회에서 단체 이름을 ≪지역평등시민연대(약칭 지평련≫로 개정

- 2014년 11월 14일. 순천대학교 박물관에서 (재)향남문화재단과 무등공부방이 공동 주관한 〈호남, 길을 열자 대토론회〉에 참석해 '호남 인재의 미래 어디서 찾을 것인가' 주제 발표
- 2014년 11월 24일. 서울대학교 단과대학 학생회장 연석회의와 공동 주최로 〈인종주의적 혐오 발언 현황과 대책 토론회〉 개최
- 2014년 11월 28일. 2014년 지역평등시민연대 정기 총회 개최
- 2014년 12월 7일. 직원 채용 공고에 '전라도 출신 지원 불가'라는 내용을 넣어 파문을 일으킨 안산 소재 남양공업 사태에 대한 의견서 발표

〈2015년〉

- 2015년 1월 13일. 『주간경향』의 표지 이야기 '혐오 행동' 특집기사와 관련해서 주동식 대표가 '전라도 차별은 악랄한 내란선동'이라는 취지의 인터뷰
- 2015년 2월 12일. (사)동북아전략연구원 부설 '호남의 희망'이 개최한 '호남 희망찾기 3차 토론회'에서 주동식 대표가 호남에 대한 심각한 혐오 현상의 원인과 해결 방향 진단
- 2015년 2월 17일. 인터넷에 혐오 댓글을 단 이 모 부장판사에 대한 정식 징계 절차를 밟지 않고 사직서를 수리한 성낙송 수원지방법원장을 직무유기 혐의로 고발
- 2015년 3월 26일. 호남에 대한 친노 세력의 영향력을 재검토하는 〈호남과 친노 세력의 관계 이대로 좋은가〉 토론회를 서울시NPO지원센터에서 개최
- 2015년 4월 8일. 일베 회원이 KBS에 입사하여 사내 게시판에도 혐오 포스팅을 올렸는데도 정식 직원으로 채용된 데 대하여 반대 입장 발표
- 2015년 4월 9일. 호남정치개혁연대 창립총회에서 주동식 대표 축사
- 2015년 4월 11일. 온라인 시사 미디어 『시사엔』 주최로 '호남정치: 한물이 아닌 새 시대 여는 역할'이라는 주제의 특별 대담 진행
- 2015년 4월 15일. 지역평등시민연대 정식 홈페이지(www.gpr.kr) 개통. 네이버 카페 형태의 홈페이지에서 탈피해 온라인 홍보 및 컨텐츠 확보 작업 본격화
- 2015년 4월 21일. 『새전북신문』이 주최한 〈대안정당의 길, 전주에서 묻는다〉 행사에 주동식 대표가 패널로 참가해서 의견 발표
- 2015년 5월 19일. 군산미래발전연구소가 주최한 '대안정당의 길, 군산에서 묻는다' 행사에 주동식 대표가 패널로 참가해서 의견 발표

- 2015년 5월 20일. 『미디어오늘』〈난닝구 냄새나는 50대 호남 남성이 말하는 친노 패권은?〉이라는 기사에 주동식 대표가 '친노 패권은 표는 호남에서 얻으면서 실제 호남을 위해서는 아무 노력도 하지 않는 세력'이라는 취지로 코멘트
- 2015년 6월 21일. 새정치민주연합의 〈혐오 발언 제재 입법 토론회〉에 대한 지평련의 입장 발표
- 2015년 7월 16일. 주동식 대표가 광주복지국가소사이어티에서 '한국 정치의 비밀 : 호남과 친노의 관계'라는 주제로 강연
- 2015년 7월 20일. 지역평등시민연대가 서울시 비영리민간단체(NPO)로 등록. 등록번호 1925호
- 2015년 8월 20일. 전주종합운동장 여성일자리센터 강당에서 '호남과 친노의 관계 그리고 대안정당의 건설'이라는 주제로 주동식 대표 강연회
- 2015년 9월 8일. '디씨인사이드 야구 갤러리 회원들의 유쾌한 반란' 성명서 발표
- 2015년 9월 21일. 전북여성교육문화센터 2층 대강당에서 '전북 정치의 미래'라는 주제의 강연회를 '전북 발전을 위한 도민 모임'과 공동 주최
- 2015년 10월 17일. 남한산성 야유회
- 2015년 11월 3일. 〈비노 전당대회 건설로 모여야 합니다〉 제안서 발표
- 2015년 11월 5일. 대안정당 건설과 친노 패권의 극복 토론회를 서울시의회 의원회관 대회의실에서 개최
- 2015년 11월 18~22일. 지역 갈등 문제에 대한 인식 조사 앙케이트
- 2015년 11월 27일. 지역평등시민연대 총회에서 주동식 대표 등 2기 대표단 선임

〈2016년〉
- 2016년 1월 9일. 사회민주당 경기도당 창당 대회에서 주동식 대표 축사
- 2016년 10월 30일. 페이스북 지평련 페이지(http://www.facebook.com.gprkr) 서비스 개시
- 2016년 2월 19일 유투브 동영상 서비스〈시민단체지평련〉 시작
- 기타 : 주요 시민단체 및 정치권 인사, 대학생 등 면담하고 지역차별 문제의 심각성과 대책 마련의 시급성 호소 활동. 조직 확대 및 재정 강화 활동 병행

지역평등시민연대의 활동방향

1. 지역평등시민연대는 지역 차별과 인종주의적 언행으로 피해를 입는 분들을 위해 최소한의 법적 · 제도적 보호장치를 만들기 위해 노력합니다.

1. 지역평등시민연대는 지역 차별이 불러오는 정치 · 경제 · 사회 · 문화적 폐해를 널리 알리고 이 문제의 해결이 국가의 발전과 민족의 번영을 위해 시급한 과제라는 점을 널리 알려나갑니다.

1. 지역평등시민연대는 불화 · 불신하는 지역민들의 상호 이해를 돕고 한민족의 정체성을 확인하는 교류협력 프로그램을 적극적으로 기획 · 입안 · 실행합니다.

1. 지역평등시민연대는 지역 차별로 인한 피해 사례를 수집, 그 피해를 회복하고 악질적이고 지속적인 지역 차별 언행에 대해 사회적인 경각심을 불러일으키는 활동을 합니다.

1. 지역평등시민연대는 지역 차별 해결에 필요한 지혜와 역량을 결집하고 이를 조직화 · 집단화하기 위하여 최대한의 노력을 기울입니다.